Frank Goyke

SCHLÖSSER

in Berlin und Brandenburg

mit Fotografien von Günter Schneider

Jaron

INHALT

VON DER PRIGNITZ BIS ZUR UCKERMARK

IM ODERLAND UND AN DEN DAHME-SEEN

SPREEWALD UND NIEDERLAUSITZ

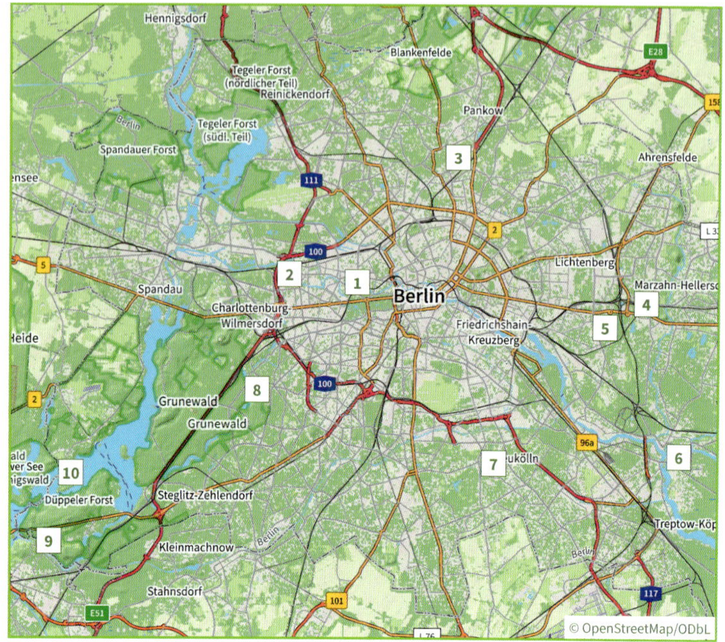

SCHLÖSSER IN BERLIN

1	Schloss Bellevue
2	Schloss Charlottenburg
3	Schloss Schönhausen
4	Schloss Biesdorf
5	Schloss Friedrichsfelde
6	Schloss Köpenick
7	Schloss Britz
8	Jagdschloss Grunewald
9	Schloss Glienicke
10	Schloss auf der Pfaueninsel

SCHLÖSSER IN POTSDAM

11	Schloss Sanssouci
12	Neues Palais
13	Schloss Charlottenhof
14	Orangerieschloss
15	Schloss Lindstedt
16	Marmorpalais
17	Schloss Cecilienhof
18	Schloss Babelsberg

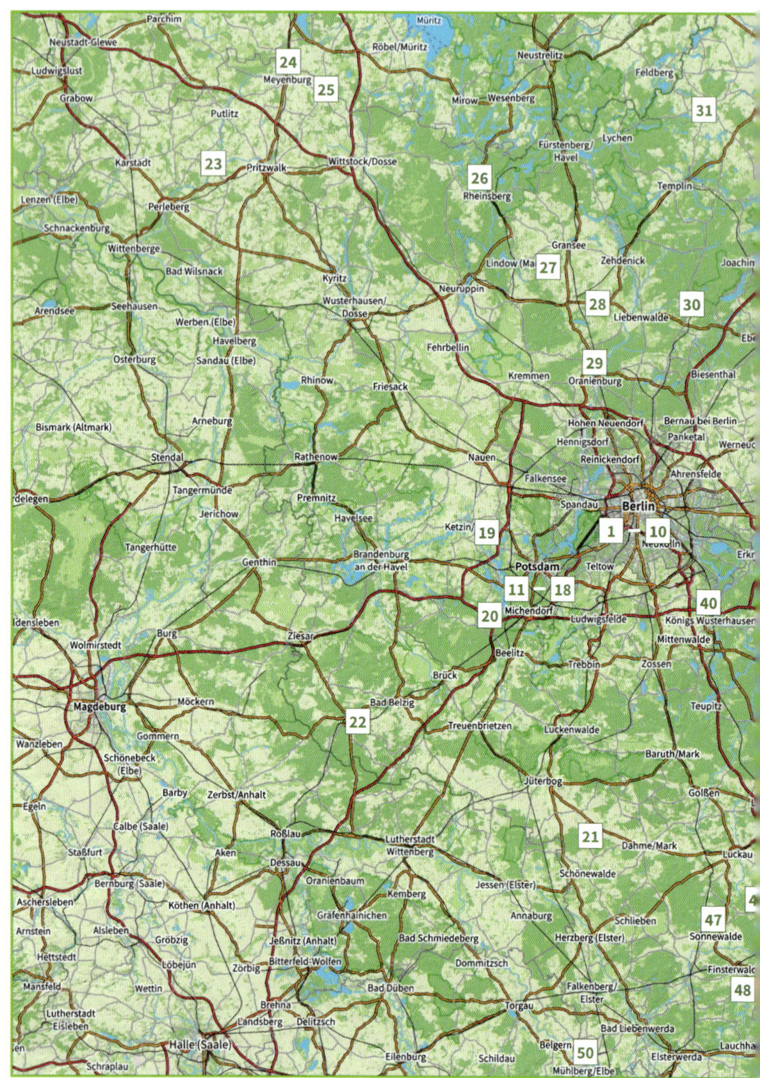

Parchim
Müritz
Neustadt-Glewe
Röbel/Müritz
Neustrelitz
24
Ludwigslust
Meyenburg
25
Feldberg
Grabow
Mirow
Wesenberg
31
Putlitz
Lychen
Fürstenberg/
Havel
Karstadt
23
Pritzwalk
Wittstock/Dosse
26
Rheinsberg
Templin
Lenzen (Elbe)
Perleberg
Schnackenburg
Wittenberge
Gransee
Zehdenick
Bad Wilsnack
27
Kyritz
Neuruppin
Arendsee
Seehausen
Wusterhausen/
Dosse
28
30
Liebenwalde
Werben (Elbe)
Havelberg
Fehrbellin
Osterburg
Sandau (Elbe)
29
Rhinow
Friesack
Kremmen
Oranienburg
Biesenthal
Arneburg
Hohen Neuendorf
Bernau bei Berlin
Bismark (Altmark)
Hennigsdorf
Panketal
Stendal
Rathenow
Nauen
Reinickendorf
Ahrensfelde
Tangermünde
Falkensee
Premnitz
Spandau
Berlin
Jerichow
Havelsee
Ketzin/
19
1
10
Tangerhütte
Genthin
Brandenburg
an der Havel
Potsdam
Teltow
11
18
40
20
Michendorf
Ludwigsfelde
Königs Wusterhausen
Burg
Ziesar
Mittenwalde
Wolmirstedt
Beelitz
Trebbin
Zossen
Brück
Magdeburg
Möckern
Bad Belzig
Teupitz
22
Treuenbrietzen
Luckenwalde
Gommern
Wanzleben
Schönebeck
(Elbe)
Baruth/Mark
Barby
Zerbst/Anhalt
Jüterbog
Golßen
Egeln
Calbe (Saale)
21
Roßlau
Lutherstadt
Wittenberg
Dahme/Mark
Staßfurt
Aken
Luckau
Dessau
Schönewalde
Bernburg (Saale)
Oranienbaum
Jessen (Elster)
Kemberg
Aschersleben
Köthen (Anhalt)
Gräfenhainichen
Annaburg
Schlieben
47
Arnstein
Alsleben
Gröbzig
Jeßnitz (Anhalt)
Bad Schmiedeberg
Herzberg (Elster)
Sonnewalde
Hettstedt
Löbejün
Zörbig
Bitterfeld-Wolfen
Dommitzsch
Mansfeld
Wettin
Bad Düben
Falkenberg/
Elster
48
Brehna
Torgau
Lutherstadt
Eisleben
Landsberg
Delitzsch
Bad Liebenwerda
Halle (Saale)
Belgern
50
Lauchha
Eilenburg
Schildau
Elsterwerda
Schraplau
Mühlberg/Elbe

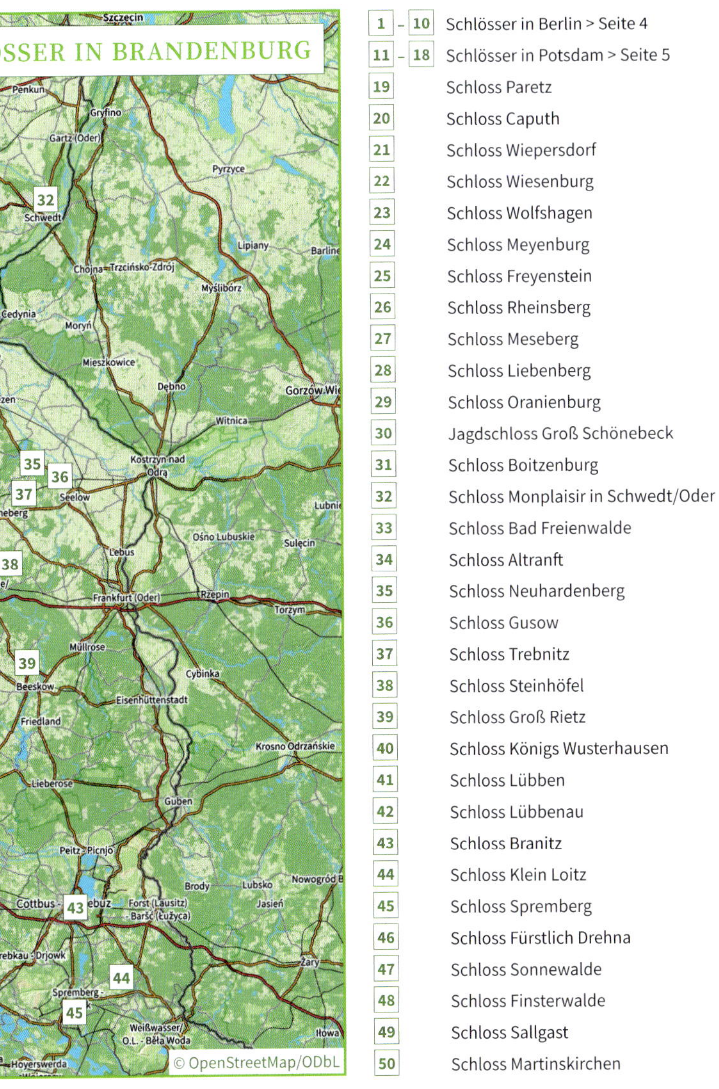

1 – 10 Schlösser in Berlin > Seite 4
11 – 18 Schlösser in Potsdam > Seite 5
19 Schloss Paretz
20 Schloss Caputh
21 Schloss Wiepersdorf
22 Schloss Wiesenburg
23 Schloss Wolfshagen
24 Schloss Meyenburg
25 Schloss Freyenstein
26 Schloss Rheinsberg
27 Schloss Meseberg
28 Schloss Liebenberg
29 Schloss Oranienburg
30 Jagdschloss Groß Schönebeck
31 Schloss Boitzenburg
32 Schloss Monplaisir in Schwedt/Oder
33 Schloss Bad Freienwalde
34 Schloss Altranft
35 Schloss Neuhardenberg
36 Schloss Gusow
37 Schloss Trebnitz
38 Schloss Steinhöfel
39 Schloss Groß Rietz
40 Schloss Königs Wusterhausen
41 Schloss Lübben
42 Schloss Lübbenau
43 Schloss Branitz
44 Schloss Klein Loitz
45 Schloss Spremberg
46 Schloss Fürstlich Drehna
47 Schloss Sonnewalde
48 Schloss Finsterwalde
49 Schloss Sallgast
50 Schloss Martinskirchen

VORWORT

Mehr als 500 Schlösser, Herrenhäuser und Parks gibt es im Land Brandenburg, eine beachtliche Zahl, die gleichzeitig die Schwierigkeit dieses Buches definiert: Auf den folgenden Seiten werden 50 Schlösser präsentiert, und natürlich ist die Auswahl schwer gefallen.

Manch einer wird schon jetzt die Hände über dem Kopf zusammenschlagen, weil Schlösser und Herrenhäuser in einen Topf geworfen werden. Doch es ist nicht so ganz einfach, beides voneinander abzugrenzen, zumal es sehr schlichte Schlösser auf der einen und architektonisch anspruchsvolle Gutshäuser auf der anderen Seite gibt. Auch die Definition eines Schlosses als Adelssitz trifft spätestens seit dem 19. Jahrhundert nicht mehr zu, als immer mehr Bürgerliche Rittergüter erwarben, auch ohne in den Adelsstand erhoben worden zu sein. Im Gegensatz zur Burg – aus der aber so manches Schloss hervorging – ist ein Schloss ein unbefestigter Sitz. Ein Herren- oder Gutshaus bezeichnet ein Gebäude, das von Landadligen und/oder (bürgerlichen) Gutsbesitzern bewohnt wurde, selbst wenn sich hier oftmals schon die Bezeichnung Schloss eingebürgert hat. Doch nur ein Bauwerk, das sich im Besitz eines Landesherrn befand, oder ein Gebäude mit reiner Lustfunktion ist wirklich ein echtes Schloss.

Ein Leitkriterium bei der Auswahl der Schlösser und Herrenhäuser war ihre geografische Streuung: Jede Landschaft Brandenburgs sollte möglichst berücksichtigt werden. Auch hier gab es immer wieder Bauwerke, die nicht aufgenommen werden konnten, auch wenn dem Autor dabei das Herz blutete. Gelegentlich hat ein besonderes Museum (wie das Romy-Schneider-Museum in Klein Loitz) oder ein bedeutendes historisches Ereignis in seinen Mauern die Wahl eines Schlosses bestimmt, auch wenn es kein architektonisches Highlight ist. Ziel dieses Büchleins soll vor allem sein, Lust auf Entdeckungen zu machen – selbstverständlich über die 50 beschriebenen Anlagen hinaus!

Natürlich wird die Historie einer jeden Anlage erläutert. Daneben kommen aber auch ein paar praktische Tipps für die Entdeckerin, den Entdecker oder die Familie nicht kurz, etwa zur Erreichbarkeit mit dem öffentlichen Personenverkehr. Mitunter ist die Anreise mit Bus und Bahn nicht ganz einfach, denn manche Orte sind vor allem am Wochenende ziemlich von der Außenwelt abgeschnitten.

Abgerundet werden die „Steckbriefe" jedes Schlosses mit einer Auswahl gastronomischer Angebote in der Nähe. Manchmal, wenn auch selten, gibt es kein einziges. Da bleibt dann nichts anderes übrig, als sich aus dem Rucksack – oder dem Kofferraum – zu versorgen. Auch darauf wird natürlich hingewiesen.

Skulptur der Venus an der Großen Fontäne im Park Sanssouci

Verlag und Autor wünschen Ihnen, liebe Leserin, lieber Leser, eine vergnügliche Lektüre, viele Anregungen für Ausflüge und immer einen Sonnenstrahl im Wanderherzen.

Ihr Frank Goyke

Berlin – Residenzstadt der Kurfürsten, Könige und Kaiser

1 Schloss Bellevue

Der Palast der Bundesrepublik

Strahlend weiß über gepflegtem Rasen und vor der grünen Kulisse des Tiergartens, so kennt man das klassizistische Schloss nicht nur in ganz Deutschland, sondern vielleicht sogar weltweit, dient es doch seit 1994 als erster Amtssitz des Bundespräsidenten. Deshalb ist es leider nur von außen zu besichtigen.

Der Große Tiergarten war ursprünglich kurfürstliches Jagdgebiet und lag vor den Toren der Stadt. Erst zu Beginn des 18. Jahrhunderts ließ Friedrich I. hier die ersten Wege anlegen, vor allem eine breite Schneise in Verlängerung der Allee Unter den Linden, die das Berliner Stadtschloss mit der 1699 fertiggestellten neuen Hohenzollernresidenz im Örtchen Lützow verband, die man heute als Schloss Charlottenburg (▸ Seite 16) kennt.

Eine echte Umwidmung und Umgestaltung des königlichen Jagdreviers in einen öffentlichen Park ließ aber erst Friedrich II. veranlassen, der 1740 den Thron bestieg. Er hatte das Gelände von seinem Vater Friedrich Wilhelm I. in verwahrlostem Zustand übernommen: Der stark auf die Staatsfinanzen und vor allem auf den Ausbau seiner Armee bedachte „Soldatenkönig" hatte den Tiergarten schlicht „kaputtgespart", wie man heute wohl sagen würde.

Der neue König Friedrich II., der an der Jagd ohnehin kein Interesse hatte, beauftragte schon nach einem halben Jahr den Architekten Georg Wenzeslaus von Knobelsdorff, der bereits einige Bauten für Friedrich realisiert hatte, mit der Umgestaltung. Anfang 1746 gelang es Knobelsdorff bei einer Versteigerung, selbst ein großes Anwesen auf dem Areal zu erwerben, auf dem sich eine Maulbeerplantage, Wiesen und Ackerland, Gemüsebeete sowie eine Meierei befanden. Hier sollte später und unter einem neuen Eigentümer Schloss Bellevue entstehen, während Knobelsdorff sich auf dem Gelände damals lediglich ein Sommerwohnhaus errichtete.

August Ferdinand von Preußen, der jüngste Bruder Friedrichs II., war es schließlich, der 1785 dem Potsdamer Baumeister Michael Philipp

Ehrenformation beim Empfang eines Staatsgasts

Daniel Boumann den Auftrag für das erste königlich-preußische Schloss im klassizistischen Stil erteilte. Boumann schuf die bis heute existierende verputzte Dreiflügelanlage. Das sogenannte Corps de Logis, also der zu Wohnzwecken dienende Mitteltrakt, besteht aus zwei Voll- und zwei Halbgeschossen, der dreiachsige Mittelrisalit trägt ein Tympanon mit Uhr und Relieffiguren. Die drei Sandsteinfiguren auf dem Giebel verkörpern den Ackerbau, die Jagd und die Fischzucht. Die Gartenseite verfügt über einen Balkon und eine Terrasse von 1789. Die Seitenflügel sind zweigeschossig, links befand sich der Damen-, rechts der Spreeflügel.

Prinz Ferdinand nutzte Schloss Bellevue bis zu seinem Tod 1813, ihm folgte sein Sohn Prinz August von Preußen. Als dieser 1843 starb, fiel es als Erbe an König Friedrich Wilhelm IV. Er ließ 1844 in einem Flügel des Erdgeschosses die „Vaterländische Galerie" einrichten, das erste Museum für zeitgenössische Kunst in Preußen, dessen Sammlung später an die Nationalgalerie überging. Im Ersten Weltkrieg wurde das Schloss ab 1916 von der Obersten Heeresleitung, der Reichsregierung und den Vertretern der mit Deutschland alliierten Mittelmächte für Besprechungen genutzt. Nach dem Kriegsende und der Abdankung Wilhelms II. stand es lange leer. Ab 1928 diente es als Büro, als Volksküche und für Ausstellungen, in den Seitenflügeln wurden sogar Mietwohnungen eingerichtet, auch war bis 1935 das Museum für Deutsche Volkskunde im Schloss untergebracht.

Ab 1938 diente es der nationalsozialistischen Regierung als Gästehaus. Für den Umbau wurden die bauzeitlichen Eingänge in den Seitenrisaliten – heute nur noch als gewölbte Fenster erkennbar – zugemauert und es entstand der Mitteleingang mit der Freitreppe. Auch Knobelsdorffs Meierei fiel den Umbaumaßnahmen zum Opfer. 1939 wurde Bellevue zur Residenz des Leiters von Hitlers Präsidialkanzlei, Reichsminister Otto Meissner.

Im April 1941 zerstörten Brandbomben das Gebäude, einzig der von Carl Gotthardt Langhans entworfene Ballsaal blieb unversehrt. Nach Kriegsende wurde das Schloss notdürftig gesichert, bis man es 1954–59 als zweiten Amtssitz des Bundespräsidenten wiederaufbaute. Die heute bestehenden 15 repräsentativen Räume wurden damals nachträglich gestaltet.

Nur am Tag der offenen Tür, bei Ehrungen für besonderes Engagement oder als Teil einer Besuchergruppe, die Monate vorher über das Bundespräsidialamt angemeldet werden muss, können „Normalbürger“ Schloss Bellevue besuchen. Eine häufig fotografierte Attraktion ist das Schloss mit seinem altmodisch wirkenden roten Feuermelder davor dennoch, und manchmal lassen sich sogar der Bundespräsident oder seine Staatsbesucher blicken. Weht die Standarte des Bundespräsidenten auf dem Dach, weilt der Hausherr – eine Frau hat es in dieser Position bisher noch nicht gegeben – in Berlin.

Info

Adresse: Spreeweg 1, 10557 Berlin | bundespräsident.de

Anfahrt: S3, S5, S7 bis Bellevue (mit 550 m Fußweg) | Bus 100, 187 bis Schloss Bellevue

Gastronomie: Hier kann man den Tag mit einem Frühstück beginnen oder ihn bei einem Bier ausklingen lassen: im stimmungsvollen Biergarten und Restaurant Teehaus im Englischen Garten, Altonaer Straße 2, 10557 Berlin.

2 Schloss Charlottenburg

Sophie Charlottes Musenhof

Charlottenburg gehört zu den größten und schönsten Schloss- und Parkanlagen der brandenburgischen Kurfürsten und der Hohenzollernherrscher in Berlin. Baumeister von Rang und Namen schufen hier ein einmaliges Gesamtkunstwerk, das seinesgleichen sucht.

Sophie Charlotte war bereits die zweite Gattin des Kurfürsten Friedrich III. von Brandenburg. Sie hatte eine ausgezeichnete Ausbildung genossen, beherrschte die französische, die englische und die italienische Sprache, war viel gereist und erregte mit ihren durchdringend blauen Augen und – ungepuderten! – Locken Aufsehen. Aber weder ihre Bildung noch ihr Aussehen waren entscheidend für die Hochzeit mit dem brandenburgischen Kurfürsten gewesen, sondern allein politische Interessen.

1690 hatte der Kurfürst ihr Schloss Caputh (▸ Seite 102) geschenkt, doch 1695 tauschte die Kurfürstin ihren Hauptaufenthaltsort gegen das näher bei Berlin gelegene Dorf Lützow (auch Lietzow), das man als Nukleus der späteren Stadt Charlottenburg bezeichnen kann. Sie beauftragte den bedeutenden Architekten Johann Arnold Nering mit dem Bau eines Sommerschlosses, allerdings starb der Baumeister noch im selben Jahr. Der weniger bekannte Martin Grünberg führte sein Werk fort. Zunächst entstand nur ein relativ bescheidenes Gebäude, das Lietzen- oder Lützenburg genannt und am 11. Juli 1699, dem 42. Geburtstag der Kurfürstin, eingeweiht wurde.

Der barocke Schlosspark bestand aus einem Parterre auf der Gartenseite, zwei Bosketts an der Spree mit drei Angelhäusern und einem Hafen für Treckschuten. Diese Holzboote ohne eigenen Antrieb, die von Zugtieren oder Menschen getreidelt wurden, verkehrten zweimal am Tag nach Berlin und transportierten sowohl Personen als auch Güter für die Hofhaltung. Daneben gab es einen Spielgarten mit Wasserbassins und Bouleplätzen sowie einen Fasanengarten. Da Sophie Charlotte die Oper liebte, wurde ein kleines Opernhaus gebaut, in dem auch Singspiele und Ballett aufgeführt wurden. Die Kurfürstin, die selbst ausgezeichnet Cembalo spielte und sogar selbst komponierte, führte die Kammermusik am preußischen Hof ein. Sie interessierte sich für Philosophie, empfing den Universalgelehrten Gottfried Wilhelm Leibniz und förderte dessen Gründung der Kurfürstlich Brandenburgischen Sozietät der Wissenschaften im Jahre 1700, die heute noch als Berlin-Brandenburgische Akademie der Wissenschaften fortbesteht. Bald wurde das Schloss „Sophie Charlottes Musenhof“ genannt.

Das neue Jahrhundert brachte ein welthistorisches Ereignis, auch wenn damals seine Bedeutung gar nicht abzusehen war: Friedrich III. setzte sich 1701 in Königsberg die Königskrone auf und hieß fortan König Friedrich I. in Preußen. Vier Jahre später starb Königin Sophie Charlotte an einer Halsentzündung. Nach ihrem Tod erhielt das Lustschloss den Namen Charlottenburg.

Noch zu Lebzeiten der Königin hatte man 1702 mit der Erweiterung des Gebäudes zu einer Dreiflügelanlage mit Turm, Kapelle und Orangerie begonnen. Eosander von Göthe lieferte die Pläne für den Umbau; bekannt ist der Architekt heute vor allem für das nach ihm benannte Portal am Berliner Stadtschloss. In dieser Zeit entstand auch die vergoldete Fortuna auf der Laterne der Turmkuppel, die als Windfahne diente und daher drehbar war – das ist sie immer noch, allerdings hat das Original den Zweiten Weltkrieg nicht überstanden und wurde 1954 durch eine Nachschöpfung ersetzt.

Weitere prominente Architekten arbeiteten am Schloss: Georg Wenzeslaus von Knobelsdorff, der Leibarchitekt Friedrichs II., schuf 1740–46 den

Neuen Flügel als östliches Pendant zur Orangerie, 1787–91 wurde der Orangerietrakt durch das Theater von Carl Gotthard Langhans verlängert. Übrigens war auch das berühmte, von Eosander entworfene und seit dem Zweiten Weltkrieg verschollene Bernsteinzimmer für Charlottenburg bestimmt gewesen, wo es jedoch nie eingebaut wurde. Stattdessen fand es seinen Platz im Berliner Stadtschloss, doch nur für kurze Zeit: Der kaum an Kunst interessierte „Soldatenkönig“, der Sohn Sophie Charlottes, tauschte es 1716 beim russischen Zaren Peter dem Großen gegen „Lange Kerls“, Soldaten mit Gardemaß. Unter seinem Sohn Friedrich II. sollte in Charlottenburg dann das friderizianische Rokoko zu einer ersten Blüte kommen.

Im Zweiten Weltkrieg erlitt das Schloss schwere Schäden durch einen alliierten Luftangriff am 23. November 1943. Es drohte der Abriss, aber in den Jahren 1956–62 erfolgte dann doch die äußere Wiederherstellung auf Initiative der Kunsthistorikerin Margarete Kühn, der damaligen Leiterin der preußischen Schlösserverwaltung. Was nur wenige wissen: Die Attika-Figuren auf der Balustrade, die nach Personen und Themen der antiken Mythologie gestaltet wurden, sind moderne Neuschöpfungen von bekannten Bildhauern.

Kommt man vom Spandauer Damm auf das Schloss zu, befindet sich links hinter dem Parkplatz die 1790 errichtete Kleine Orangerie – wie alle Orangerien diente sie der Aufnahme von südländischen Pflanzen wie Zitrusfrüchten im Winter. Auf den Ehrenhof zugehend, fällt der

Kopie des Borghesischen Fechters

Goldene Galerie im Neuen Flügel

Blick auf zwei als Wächterhäuschen gebildete barocke Torpfeiler, die Kopien des Borghesischen Fechters tragen, einer späthellenistischen Statue aus dem 1. Jahrhundert. Im Ehrenhof befindet sich das berühmte, von Andreas Schlüter geschaffene Reiterstandbild des Großen Kurfürsten, das als ein Hauptwerk der Barockplastik gilt. Auch vor dem Neuen Flügel stehen Plastiken zweier Friedriche: die Denkmäler König Friedrichs I. und Friedrichs II.

Das Corps de Logis mit der Kuppel ist wie das gesamte Schloss in einem zarten Gelb gestrichen. Es handelt sich um einen elfachsigen Bau mit zweieinhalb Geschossen und einem Mittelrisalit, das Tympanonfeld ist leer, darüber erhebt sich die Kuppel. Nach rechts schließt sich der zweigeschossige Neue Flügel an. Er beherbergt bedeutende Kunstwerke, etwa eine der größten Sammlungen französischer Malerei des 18. Jahrhunderts außerhalb Frankreichs.

Das prächtige Porzellankabinett im Alten Schloss

Nach links, also nach Westen schließt sich zunächst die 143 Meter lange eingeschossige Orangerie an, heute eine Event-Location, ihr folgt der Theaterbau, Domizil des Käthe-Kollwitz-Museums. Der Ehrenhof wird beiderseits eingefasst von Kavalierflügel und Küchenflügel, in Letzterem befindet sich heute der Museumsshop.

Im Rahmen von Führungen oder mit einem Audioguide können die prächtigen, originalgetreu eingerichteten Innenräume und Säle besichtigt werden. Eindruck machen auch die für barocke Architekturen so wichtigen Enfiladen, also die Aneinanderreihung von Räumen zu einer Flucht mit exakt einander gegenüberliegenden Türen, sodass man weit in die Tiefe blicken kann. Im Alten Schloss gibt es etwa das Porzellankabinett, die Schlosskapelle oder das Paradeschlafzimmer Friedrichs I. zu bewundern. Die Dauerausstellung „Das Preußische Königshaus“ zeichnet die Geschichte der Hohenzollerndynastie nach. In den Neuen Kammern findet man barocke Pracht vor allem in der Goldenen Galerie, dem Speisesaal und der Silberkammer.

Auch der 55 Hektar große Schlossgarten stellt ein bedeutendes Kunstwerk dar. Ende des 18. Jahrhunderts erhielt er unter Friedrich Wilhelm II., dem Neffen und Nachfolger Friedrichs II., teilweise den Charakter eines englischen Landschaftsgartens, wie es damals Mode war. 1818 erfolgte eine weitere Umgestaltung durch den berühmten Gartenarchitekten Peter Joseph Lenné. Zu den wichtigen Bauwerken im Park zählt der direkt an der Spree und der Schlossbrücke gelegene klassizistische Neue Pavillon, 1824/25 nach Plänen von Karl Friedrich Schinkel erbaut, den König Friedrich Wilhelm III. als privaten Rückzugsort im Sommer nutzte. Heute kann man im Inneren einen Eindruck von der Ausstattung zu Zeiten des Königs gewinnen. Zu bewundern sind Gemälde des 19. Jahrhunderts und im Obergeschoss eine Ausstellung zu Schinkel. Der etwas respektlose Stoßseufzer etlicher Generationen von Berlin- und Potsdam-Stadtführern „In jedem Winkel ein Schinkel“ lässt sich im Schlossgarten erweitern zu einem „Und in jedem Dreh ein Lenné“.

Belvedere im Schlosspark

Das Belvedere, im nördlichen Teil des Parks und ebenso nahe der Spree gelegen, ist ein dreigeschossiger Pavillonbau, den der Architekt Langhans 1788 für König Friedrich Wilhelm II. entwarf, ebenfalls als

Rückzugsort. Das Gartenschlösschen wurde im Zweiten Weltkrieg zerstört und später wiederaufgebaut. Seit 1972 beherbergt es eine Sammlung KPM-Porzellans, und zwar eine von internationalem Rang.

Im nordwestlichen Schlossgarten befindet sich schließlich ein berühmtes Mausoleum: Das Bauwerk im Stil eines antiken Tempels ließ Friedrich Wilhelm III. für seine im Volk sehr beliebte, durch frühen Tod zu mythischer Größe erhobene Gemahlin Luise von Mecklenburg-Strelitz (Königin Luise) errichten. Ihr Grabmal ist ein Meisterwerk des Bildhauers Christian Daniel Rauch. Luise liegt da wie eine Schlafende, in ganz natürlicher Haltung. Das mehrmals umgebaute und vergrößerte Mausoleum beherbergt die Marmorsarkophage von Kaiser Wilhelm I. und Kaiserin Augusta, in der Gruft ruhen außerdem die Gebeine der Fürstin Liegnitz, der zweiten Ehefrau Friedrich Wilhelms III., des Prinzen Albrecht, seines jüngsten Sohnes mit Königin Luise, sowie das Herz Friedrich Wilhelms IV.

Grabmal der Königin Luise

Wer nach so viel Totenkult eine Stärkung braucht, den lädt das Café in der Kleinen Orangerie zum Verweilen ein.

Info

Adresse: Spandauer Damm 10–22, 14059 Berlin | spsg.de/schloesser-gaerten

Anfahrt: Bus M45, 309 bis Schloss Charlottenburg | U7 bis Richard-Wagner-Platz und 800 m Fußweg | S41, S42, S46 bis Westend und 850 m Fußweg

Gastronomie: Kaffee, Kuchen und Snacks, darunter auch Berlins Leibspeise Currywurst, gibt's im Museumscafé: Kleine Orangerie, Spandauer Damm 20, 10459 Berlin.

3 Schloss Schönhausen

Barock trifft Sprelacart

Wo einst Elisabeth Christine, die Gattin Friedrichs des Großen wohnte, residierte 200 Jahre später der Präsident der DDR. Im Schloss Schönhausen stehen die Spuren einer wechselvollen Historie in charmantem Kontrast zueinander. Und auch der herrliche Schlosspark ist einen Besuch wert.

Das manchmal auch als Schloss Niederschönhausen bezeichnete Barockgebäude hat eine bewegte Geschichte: Wo sich einst Königin Elisabeth Christine, von ihrem Gemahl Friedrich dem Großen abgeschoben, ihr eigenes Reich schuf, sollte rund 200 Jahre später Wilhelm Pieck residieren, einziger Präsident der DDR. Nach seinem Tod logierten die Staatsgäste der DDR in dem Schlösschen. Die bisweilen bizarr kontrastierenden Spuren beider Epochen können im Gebäudeinneren besichtigt werden. Berlinerinnen und Berliner zieht es aber vor allem wegen des herrlichen Schlossparks nach Schönhausen, wo unter altem Baumbestand das Flüsschen Panke plätschert.

Das Gebäude und der zugehörige Park erstrecken sich auf dem Grund eines ehemaligen Ritterguts, das sich ab 1662 im Besitz der Adelsfamilie von Dohna befand. Der Offizier Christian Albrecht von Dohna heiratete, als er in holländischen Diensten stand, Sophie Theodore von Brederode, und sie legte den Landsitz an der Panke an. Ihr „Petit Palais“ war ein zweigeschossiges Herrenhaus mit kurzen Flügeln, die Gebäude waren um einen kleinen Ehrenhof gruppiert. 1680 erwarb Joachim Ernst von Grumbkow den Besitz. Der Oberhofmarschall ließ das „Petit Palais“ abtragen und beauftragte den Baumeister Johann Arnold Nering mit einem Barockbau.

Rocaille-Stuck im Oberen Saal

Nach Grumbkows Tod fiel sein Besitz an den Kurfürsten Friedrich III. Unter dessen Ägide schrieb man in Schönhausen um 1700 Weltpolitik. Die Kurfürsten von Brandenburg wollten nämlich Könige werden, die bis dato erfolglosen Bemühungen des Großen Kurfürsten setzte sein Sohn Friedrich III. nun fort. Ihm war vor allem daran gelegen, den Bedeutungsverlust seines

Das Treppenhaus stammt aus Elisabeths Zeiten.

Herrschaftsgebiets zu verhindern, denn im Zeitalter des Absolutismus wurde die Macht der Habsburger immer ausgreifender. Neben dem römischen (womit der deutsche König gemeint war) konnte es keinen weiteren König in deutschen Landen geben – wohl aber vielleicht in Preußen? Unter anderem in Schönhausen fanden die geheimen Verhandlungen zur Erhebung zum König statt: Allerlei Emissäre drückten sich die Klinke in die Hand oder ritten, mit Instruktionen ausgestattet, an den kaiserlichen Hof. Man handelte und überreichte wohl auch das eine oder andere Sümmchen für die Kaiserliche Majestät. Schließlich wurde man sich einig, und Friedrich III. setzte sich am 18. Januar 1701 in Königsberg selbst die Krone auf, die eines Königs in Preußen, und regierte nunmehr als Friedrich I.

Ab 1704 ließ er das Schloss zu einer repräsentativen Dreiflügelanlage erweitern. Sein Nachfolger, der „Soldatenkönig" Friedrich Wilhelm I., sanierte die von seinen verschwenderischen Eltern ruinierten Staatsfinanzen und beschränkte die repräsentativen Aufgaben eines Monarchen auf das absolut Notwendige. Unter ihm diente das Schloss mehreren Familien von Hofbeamten als Wohnung, das Anwesen verwahrloste.

Das jeden Psychoanalytiker zum Frohlocken bringende schlechte Verhältnis zwischen Friedrich Wilhelm und seinem Sohn, dem späteren Friedrich II., ist weithin bekannt. Der junge Kronprinz wurde gezwungen, 1733 Prinzessin Elisabeth Christine von Braunschweig-Bevern zu heiraten, eine

Hochzeit, hinter der wie üblich allein politische Gründe steckten. Friedrich pflegte kaum Umgang mit dieser Frau. Nachdem er 1740 den Thron bestiegen hatte und sie Königin geworden war, „verbannte“ er sie quasi nach Schönhausen – in ein Schloss, das eigentlich als Sommerresidenz gedacht war, in dem es kaum Heizmöglichkeiten und viel zu wenig Räume für den Hofstaat gab. Trotzdem hat die Königin ihre Repräsentationsaufgaben – die Friedrich II. ebenso lästig waren wie seinem Vater – mit bewundernswertem Pflichtgefühl erfüllt. Mehr als 50 Jahre wohnte sie im Schloss, und die prächtige Raumausstattung ist heute noch zu bewundern, etwa das edel geschwungene Treppenhaus, wertvolle Einrichtungsgegenstände und die schönen Tapeten.

Nach dem Siebenjährigen Krieg, der allein in Europa rund 550.000 Opfer forderte und katastrophale wirtschaftliche Folgen hatte, erhielt das verwüstete Schloss Schönhausen in den Jahren 1763–74 durch Umbauten im Wesentlichen seine heutige Gestalt.

1925 ging das Schloss aus dem Besitz der Hohenzollern in den des Freistaats Preußen über, der zunächst nichts Rechtes damit anzufangen wusste. Ab 1936 diente es der Reichskammer der bildenden Künste, einer NS-Berufsorganisation, als Ausstellungsort. Von 1938 bis 1941 wurden im Schloss Kunstwerke der Moderne, die im Zuge der Aktion „Entartete Kunst“ beschlagnahmt worden waren, den Einkäufern ausländischer Museen und dem internationalen Kunsthandel präsentiert.

Im Krieg nur wenig beschädigt, wurde Schloss Schönhausen zunächst von der sowjetischen Militärverwaltung genutzt. Als am 7. Oktober 1949 die DDR gegründet wurde,

Lila Fliesen im Gästebad für Staatsgäste

Lenné und Lingner – zwei bedeutende Gartenarchitekten aus zwei Jahrhunderten wirkten hier.

übergab es die Sowjetunion der neuen Regierung, die es bis 1960 als Amtssitz des ersten und einzigen Präsidenten der DDR nutzte, Wilhelm Pieck. Auch diese Funktion zog wieder Um- und Neubauten nach sich. Nach Piecks Tod war Schloss Schönhausen bis 1964 Sitz des Staatsrats, des kollektiven Staatsoberhaupts, und wurde dann zum Gästehaus der DDR-Regierung umgewandelt. Illustre Gäste wie Leonid Breshnew, Fidel Castro oder Michail Gorbatschow logierten hier. Einblicke in diese Vergangenheit gewinnt man bei der Besichtigung einer früheren Gästewohnung sowie des Arbeitszimmers von Wilhelm Pieck: Hier befindet sich im wuchtigen Schreibtisch eine Telefonanlage mit Direktverbindung zum Ministerium für Staatssicherheit. Das Nebeneinander von preußischer Eleganz, Rokoko und DDR-Prunk mutet bisweilen skurril an: So liegt der eindrucksvolle Rokoko-Festsaal direkt neben dem 1960er-Jahre-Badezimmer mit lila Fliesen.

Insofern verspricht der Titel der heutigen Dauerausstellung „Zeit(ge) schichten aus 350 Jahren. Ein Schloss im Wandel der Zeit“ nicht zuviel.

Inzwischen gehört das Schloss zur Stiftung Preußische Schlösser und Gärten. Es wurde in den letzten Jahren gründlich saniert und steht Besuchern offen. Auch Vorträge und Konzerte finden hier statt.

Der Schlossgarten zählt gartengeschichtlich gesehen zu den interessantesten Parkanlagen Berlins. Zur Zeit von Königin Elisabeth Christine gehörte zum Park auch noch ein Gut, heute der Volkspark Schönholzer Heide. Später erfuhr der Park immer wieder Umgestaltungen, die einschneidendste im 19. Jahrhundert durch Peter Joseph Lenné: Aus dem Barock- wurde ein Landschaftsgarten. Nach 1945 wirkte hier mit Reinhold Lingner einer der bedeutendsten Gartenarchitekten der DDR. Lingner entwarf im abgegrenzten Außenbereich des Präsidentensitzes einen repräsentativen Garten, der aber auch intime Gartenräume für Gespräche im kleinen Kreis bietet. Die Blumenkübel für die Sommerbepflanzung stammen von der Keramikerin Hedwig Bollhagen. Die Fontäne ist eine Reminiszenz an barocke Wasserspiele, wirkt durch das farbige Becken aber modern und stellt so eine Verbindung zwischen dem barocken Schloss und dem modernen Teepavillon her.

Info

Adresse: Tschaikowskistraße 1, 13156 Berlin | spsg.de/schloesser-gaerten

Anfahrt: Tram M1, Bus 250 bis Tschaikowskistraße | U2, S2, S26, S8 bis S/U Pankow, dann 1.500 m Fußweg

Gastronomie: Tee- und Kaffeespezialitäten sowie hausgemachte Kuchen und Torten gibt's in den warmen Monaten im Café Sommerlust direkt im Schlossgarten.

4 Schloss Biesdorf

Ein Schlosspark mit Freilichtbühne

Eigentlich ist das schöne Gebäude mit dem achteckigen Turm gar kein Schloss, sondern eine spätklassizistische Villa. Heute ist der Ort nicht zuletzt dank der Freilichtbühne im idyllischen Park eine feste Größe, was Kultur und Veranstaltungen in Berlin betrifft.

Ursprünglich war das Dorf Biesdorf, 1653 bzw. 1666 vom Großen Kurfürsten in zwei Tranchen erworben, aus Sicht der Residenzstadt Berlin j.w.d., also janz weit draußen. Das änderte sich allmählich, als in Biesdorf 1885 ein Bahnhof der Königlich Preußischen Ostbahn eröffnet wurde, der Eisenbahnverbindung von Berlin via Königsberg nach Eydtkuhnen an der Grenze zu Russland. 1920 wurde Biesdorf nach Berlin eingemeindet.

Die Villa im italienischen Stil wurde 1868/69 im Auftrag des Freiherrn von Rüxleben erbaut. Das auf dem höchsten Punkt des Barnimplateaus gelegene herrschaftliche Gebäude ist dank seines oktogonalen Turms an der Südostecke schon aus der Ferne zu erkennen. Auffällig sind auch die Loggien und Pergolen an der Süd- und an der Ostseite sowie an der westlichen Seite die überdachte Auffahrt in Gestalt einer Säulenhalle. Für das Gebäude zeichnete niemand Geringeres als die namhafte Architektengemeinschaft Gropius & Schmieden verantwortlich. Die Sozietät der Architekten Martin Gropius und Heino Schmieden existierte bis zu Gropius' Tod und war eine der größten Architektenfirmen im damaligen Berlin, der zahlreiche Krankenhausbauten, Museen, Denkmäler und Villen zu verdanken sind. Hauptwerke sind zum Beispiel das ehemalige Kunstgewerbemuseum Berlin, heute unter dem Namen Gropius-Bau bekannt, und das Vivantes-Klinikum in Friedrichshain. (Martin Gropius war übrigens der Onkel des Bauhaus-Gründers Walter Gropius.)

1887 übernahm Werner Siemens, der Vater der modernen Elektrotechnik, die liebevoll Schloss genannte Villa nebst Park, hatte aber selbst wenig Interesse daran und übertrug das Anwesen daher 1889

seinem Sohn Wilhelm. Bis 1927 befand sich die Villa im Besitz der Familie Siemens, dann erwarb sie die Stadt Berlin und die Polizei zog ein, 1929 außerdem das Ortsamt Biesdorf. Während der NS-Diktatur nutzten die Ortsgruppe der NSDAP und die Nationalsozialistische Volkswohlfahrt (NSV) das Gebäude, bis es in der Nacht vom 20. auf den 21. April 1945 ausbrannte. Mehr oder minder notdürftige Reparaturen und Umbauten veränderten die bauliche Struktur, nach verschiedenen Nutzungen befand sich zuletzt eine Zweigstelle der Bezirksbibliothek Marzahn im Schloss. Nach der Wende wurde es endlich anhand alter Fotos rekonstruiert, erhielt 2015/16 sein zweites Obergeschoss wieder und wurde auch im Inneren gründlich renoviert.

Heute befindet sich in den sehenswerten Räumen die kommunale Galerie des Stadtbezirks Marzahn-Hellerdorf, die wechselnde Ausstellungen zeitgenössischer Kunst ebenso zeigt wie eine kleine Dauerausstellung zur Geschichte des Schlosses – bei freiem Eintritt. Verschiedene Veranstaltungen stehen auf dem Programm, es gibt auch ein Café.

Zum Schloss gehört ein öffentlicher, sehr idyllischer Park mit Teepavillon, Lesegarten und Skulpturen. Die erste Anlage schuf der Lenné-Schüler und Berliner Tiergartendirektor Eduard Neide, der auch den Kolonnadenhof auf der Berliner Museumsinsel entwarf, ihm folgte der königliche Gartenbaudirektor Albert Brodersen. Ab 1990 wurde der Park einschließlich des historischen Eiskellers denkmalgerecht restauriert. Die Biesdorfer Parkbühne lockt mit Open-Air-Konzerten und anderen Bühnenprogrammen.

Info

Adresse: Alt-Biesdorf 55, 12683 Berlin | schlossbiesdorf.de

Anfahrt: S5 bis Biesdorf oder U5 bis Elsterwerdaer Platz und jeweils 650 m Fußweg | Bus 108 bis Oberfeldstraße

Gastronomie: Herrschaftlich speist man im stilvollen Ambiente des Cafés Schloss Biesdorf (im Schloss).

5 Schloss Friedrichsfelde

Im Reich der Pelikane

Das Ungewöhnliche an Schloss Friedrichsfelde ist der Umstand, dass es sich im Tierpark Berlin befindet, dem ehemaligen Hauptstadtzoo der DDR und größten Landschaftstierpark Europas. Als das Schloss errichtet wurde, war an einen Tierpark noch nicht zu denken, wohl aber an gestaltete Landschaft.

Doch der Reihe nach: Der holländische Marinedirektor Benjamin Raulé unterstützte die kolonialen Ambitionen des Großen Kurfürsten durch die Gründung der Brandenburgisch-Afrikanischen Compagnie. Durch all seine Unternehmungen (darunter auch Sklavenhandel) zu erheblichem Wohlstand gelangt, ließ sich Raulé 1695 ein Lustschloss im holländischen Landhausstil errichten – in Friedrichsfelde, das damals noch Rosenfelde hieß. Er stürzte jedoch, teils wegen tatsächlich begangener Unterschlagungen, über eine Hofintrige und wurde inhaftiert, enteignet und des Landes verwiesen.

Sein Schloss fiel 1698 in landesherrlichen Besitz, und ein Jahr später wurde Rosenfelde nach Kurfürst Friedrich III. in Friedrichsfelde umbenannt. Nach dem Tod des Kurfürsten ging das Schloss an dessen Halbbruder über, den Markgrafen Albrecht Friedrich von Brandenburg-Schwedt. Dieser beauftragte den Hofbaumeister Martin Heinrich Böhme, einen Schüler des weitaus bekannteren Andreas Schlüter, den Bau um je drei Achsen auf seine heutige Breite zu erweitern und eine barocke Treppenanlage hinzuzufügen.

Friedrichsfelde teilte das Schicksal vieler Schlösser und Güter – es wechselte häufig den Besitzer: Eine Zeitlang gehörte es dem Bruder Friedrichs II., dann dem Herzog von Kurland und Sagan, der die Innenräume im frühklassizistischen Stil umgestalten ließ, schließlich der Prinzessin Catharina des Miniatur-Herzogtums Schleswig-Holstein-Sonderburg-Beck, der das Gebäude

das Mansarddach und den recht dominierenden Dreiecksgiebel verdankt. Im Jahr 1816 erwarb Carl von Treskow das Schloss, legte auch eine Gutswirtschaft an und beauftragte 1821 den berühmten Gartenarchitekten Peter Joseph Lenné mit der Planung des Schlossgartens, dessen Anlage heute noch erkennbar ist.

Im Zweiten Weltkrieg blieb das Schloss relativ unbeschädigt, und es beherbergte für einige Zeit die Gründerzeitsammlung der Charlotte von Mahlsdorf. Nachdem 1954 der Beschluss zur Einrichtung eines Ost-Berliner Tierparks gefasst worden war, diente das Schloss wechselnden Zwecken. Hier war die Bauleitung untergebracht, später sogar Stallungen. Erst 1970 begann man mit Renovierungsarbeiten, die sich bis 1981 hinzogen. Heute wird das Schloss von den Ehrenamtlern der Freunde der Hauptstadtzoos betrieben, die sich sehr engagiert um das Bauwerk kümmern und Konzerte oder andere Veranstaltungen in den historischen Räumen organisieren. Das Schloss dient auch als Eventlocation für Hochzeiten, Feiern und Tagungen.

Eine Besichtigung ist während der Öffnungszeiten des Tierparks möglich und lohnt sich auf jeden Fall. Neben der originalen Treppe mit geschnitztem Geländer aus Eichenholz kann man einen frühklassizistischen Festsaal bewundern, außerdem vier Räume mit bemalten Tapeten: den Gartensaal mit Wandbespannungen aus der ehemaligen Königlichen Oberförsterei in Kloster Zinna, das Jagdzimmer sowie das Musikzimmer mit bemalter Tapete aus Schloss Ostrau (Anhalt) sowie das Rokokozimmer mit Tapete aus Schloss Lohm (Dosseniederung). Auch historische Möbel und Gemälde von Karl Friedrich Schinkel, in erster Linie Porträts, werden ausgestellt.

Von den Nebengebäuden hat sich an der westlichen Schlosszufahrt das ehemalige Küchengebäude mit einer Säulenvorhalle und einem Mansarddach erhalten, das im Kern vom Ende des 18. Jahrhunderts stammt; hier befindet sich ein Café. Auch der Schlossgarten lädt zum Verweilen ein.

Info

Adresse: Am Tierpark 125, 10319 Berlin | schlossfriedrichsfelde.com

Anfahrt: Tram 21, 27, 37 bis Alfred-Kowalke-Straße | U5 bis Friedrichsfelde

Gastronomie: Genuss in historischem Ambiente bietet das Café Schloss Friedrichsfelde, Am Tierpark 41, 10319 Berlin.

6 Schloss Köpenick

In den Armen der Dahme

Kurz bevor die Dahme in die Spree mündet, ragt eine kleine Halbinsel ins Wasser hinaus. Ein prädestinierter Standort! Kein Wunder, dass dort, wo sich heute das Schloss Köpenick direkt über dem Wasser erhebt, schon in frühgeschichtlicher Zeit eine Festungsanlage nachweisbar ist.

Etwa im 8. Jahrhundert entstand an dieser Stelle eine bedeutende slawische Burganlage, die 1209 durch eine deutsche Burg ersetzt wurde. Damals taucht auch erstmals der Name „Copenic“ auf. Um 1245 eroberten die Askanier die Burg, und mit ihrem Sieg fiel die Schlossinsel an Brandenburg.

Das heutige Schloss verdankt seine Entstehung einem Hohenzollern, nämlich dem Kurfürsten Joachim II. Ein bestehendes Gebäude wurde abgerissen, um Platz zu schaffen für eines seiner zahlreichen Jagdschlösser. Es war das größte, das der baufreudige Herrscher hier errichten ließ. Ab 1677 entstand das Schloss in seiner heutigen Gestalt für den Kurprinzen Friedrich, der sich in Köpenick aufhielt, bevor er 1688 als Friedrich III. den Thron bestieg. Für die Entwürfe war der niederländische Architekt Rutger van Langevelt verantwortlich, die Bauleitung übernahm kurzzeitig Johann Arnold Nering, ihm folgte Andreas Schlüter. Das alte Gebäude wurde erweitert, gegenüber entstand der Wirtschaftstrakt mit der Schlosskirche und auf der nördlichen Hofseite das Eingangsportal. Der nördliche Schlosspavillon erhielt später noch einen niedrigen Mitteltrakt, auf der Südseite verzichtete man darauf.

Anders als von Nering geplant, der das Schloss axial auf die sehenswerte Altstadt von Köpenick hatte ausrichten wollen, wurde die Wasserseite zur Schauseite des Gebäudes: Die symmetrische Fassade des dreigeschossigen Gebäudes ist sparsam geschmückt, die Gliederung beschränkt sich im Wesentlichen auf

Die Schlosskirche ist Teil des Ensembles.

Die Schauseite des Schlosses ist zum Wasser hin ausgerichtet.

drei Risalite mit farblich hervorgehobenen Pilastern. Der Mittelrisalit trägt einen Segmentbogengiebel mit der plastischen Darstellung von Artemis und Endymion, einem der vielen Liebespaare der griechischen Mythologie. Auch auf der Hofseite gibt es einen Giebel mit antiken Gestalten.

Im Schloss ist heute eine Dependance des Berliner Kunstgewerbemuseums untergebracht, die Dauerausstellung zeigt Interieurs und wertvolle Ausstattungsstücke aus Renaissance, Barock und Rokoko. Die originale Raumstruktur ist dabei noch weitgehend erlebbar. Symmetrisch und über alle Stockwerke identisch erstrecken sich zu beiden Seiten des Treppenhauses in der Gebäudemitte die Raumfluchten. Als sogenannte *Appartements doubles* sind sie jeweils in einen offiziellen und einen privaten Bereich geteilt. Besonders eindrucksvoll ist der Wappensaal, der mit den in Stuck ausgeführten Wappen aller zum Kurfürstentum gehörigen Länder und Städte geschmückt ist und so den Herrschaftsanspruch des späteren Kurfürsten deutlich zum Ausdruck brachte. Auch ein wertvolles Tafelservice gibt es hier zu bewundern.

Traurige Berühmtheit erlangte der Wappensaal, als hier 1730 die Kriegsgerichtsverhandlung gegen Kronprinz Friedrich, den späteren Friedrich II., und seinen Freund Leutnant Hans Hermann von Katte stattfand. Um den Schikanen des Königs zu entgegen, hatten die beiden jungen Männer die Fahnenflucht geplant. Dazu Theodor Fontane: „Die das Kriegsgericht bildenden sechzehn Offiziere lehnten einen Rechtsspruch über den Kurprinzen einfach ab und verurteilten den Leutnant von Katte zu lebenslänglichem Festungsarrest. Der König stieß dies Urteil um." Was bedeutete: Er verhängte das Todesurteil über beide, auch über den eigenen Sohn! Nur mit Mühe konnte er dazu gebracht werden, letzteren zu verschonen, doch wurde der junge Friedrich gezwungen, der Hinrichtung seines Freundes auf der Festung Küstrin zusehen – eine besondere Grausamkeit auf Befehl Seiner Majestät.

Auch die Schlosskirche ist sehenswert. Von Nering 1682–85 als barocker Zentralbau für den Hof und die reformierte Schlossgemeinde errichtet, bildet sie mit den angrenzenden Wirtschaftsgebäuden eine Einheit.

Bevor man den Schlossbesuch in einem der vielen Cafés in der malerischen Köpenicker Altstadt ausklingen lässt, sollte man durch den Schlosspark mit altem Baumbestand, Skulpturen und Gedenktafeln spazieren. Hier bieten sich viele herrliche Ausblicke auf die Dahme. Zunächst als Barockgarten angelegt, wurde er ab 1803 zum Landschaftspark umgestaltet, später verwilderte er. 1963/64 erfolgte die Rekonstruktion zu einer öffentlichen Grünanlage.

Info

Adresse: Schlossinsel 1, 12557 Berlin | smb.museum/museen-einrichtungen

Anfahrt: Tram 62, 63, 68 bis Schloßplatz Köpenick | S47 bis Spindlersfeld, dann Tram 61, 63 bis Schloßplatz Köpenick oder 1.000 m Fußweg

Gastronomie: Bekannt für seinen Sonntagsbrunch: Café und Restaurant Schlosscafé direkt im Schloss Köpenick | Die kleinste Brauerei Deutschlands mitten auf dem schönen Schlossplatz: Schlossplatzbrauerei Köpenick, Grünstraße 24, 12555 Berlin | Ein maritimes Ausflugslokal im Vintage-Stil mit Außenterrasse am Wasser: Ausflugslokal Mutter Lustig, Müggelheimer Straße 1, 13555 Berlin

7 Schloss Britz

Zucker, Sprit und Geldgeschäfte

Schloss Britz ist streng genommen ein Herrenhaus. Zusammen mit dem angrenzenden Park und den Wirtschaftsgebäuden bildet es die einzige in ihrem dörflichen Charakter erhaltene und erfahrbare Gutsanlage Berlins.

Das Dorf Britz wird 1375 erstmals urkundlich erwähnt. Bis 1699 übte eine Familie von Britzke die Grundherrschaft aus, zu ihrer Zeit muss es bereits ein mittelalterliches Herrenhaus gegeben haben. Danach befand sich das Gut in den Händen hoher preußischer Hofbeamter und Staatsminister, die es als attraktives und repräsentatives Anwesen in Nähe der Residenzstadt schätzten und immer wieder Umbauten vornahmen. 1700 wurde der alte Fachwerkbau durch ein zweigeschossiges Gebäude im spätbarocken Stil ersetzt, 1705 legte man den Park mit Orangerie an. Um die Mitte des 18. Jahrhunderts richtete der damalige Besitzer Graf Ewald Friedrich von Hertzberg eine Seidenproduktion in Britz ein. Er beauftragte den Berliner Historienmaler Christian Bernhardt Rode mit der Entwicklung eines Bildprogramms für die Ausgestaltung des Herrenhauses. Leider ging die aber bereits in den 1820er-Jahren weitgehend verloren, als der nächste Besitzer das Herrenhaus erneut erweitern und umbauen ließ. Johann Carl Jouanne war der erste bürgerliche Hausherr in Britz, er begründete auf dem Gut eine Brennerei zur Herstellung von Kartoffelschnaps.

Seine heutige Gestalt im Neorenaissancestil erhielt der Bau schließlich ab 1880. Dafür verantwortlich war der Zuckerproduzent, Spritfabrikant und Bankier Wilhelm Julius Wrede. Charakteristisch ist der aus der Mittelachse gerückte Treppenhausturm auf der Gartenseite mit oktogonalem Grundriss und Turmhaube.

1924 wurde das Gut Britz an die Stadt Berlin verkauft. Auf einem Gebiet nahe dem Herrenhaus ließ die Stadt nach Plänen des Architekten Max Taut die Hufeisensiedlung errichten, als eines der ersten Projekte des sozialen Wohnungsbaus. Sie gilt heute als Ikone des Neuen Bauens und zählt zum UNESCO-Weltkulturerbe. Die verbliebenen landwirtschaftlichen Nutzflächen wurden bis 1957 noch als Berliner Stadtgut betrieben. Das Herrenhaus teilte man 1924 in vier Mietwohnungen auf. Nach 1945 diente es als Flüchtlings- und Waisenheim, später war es bis 1985 ein kommunales Kinderheim. 1971 unter Denkmalschutz gestellt, wurden Gebäude und Parkanlage nach Schließung des Heims saniert bzw. rekonstruiert.

Heute ist im Herrenhaus eine Ausstellung zur Wohnkultur der Gründerzeit untergebracht. In fünf liebevoll eingerichteten Räumen, die originale Möbel und Kunstgegenstände zeigen, wird die gehobene Wohnkultur der damaligen Zeit für die Besucher erlebbar. Auch ein Spaziergang durch den etwa zwei Hektar großen Gutspark lohnt sich. Bei seiner Restaurierung in den 1990er-Jahren wurde der Zustand als Landschaftsgarten mit der von Hertzberg angelegten Lindenallee wiederhergestellt. Der Park steht ebenfalls unter Denkmalschutz.

Als malerisches Ensemble erlebt man heute den Gutshof, um den sich symmetrisch verschiedene ein- bis zweigeschossige unverputzte Ziegelbauten gruppieren. Sie stammen alle aus der Zeit des Spritfabrikanten Jouanne.

Auffallend ist der wie ein Obelisk gestaltete Schornstein, Relikt der abgerissenen Dampfbrennerei. An das Eingangstor schließen sich ein Wohnhaus mit Remise und Stall an, man sieht die ehemalige Schnapsbrennerei. Es findet sich sogar ein Haus im Schweizerstil, während die von einem Uhrenturm überragte Schmiede und das Inspektorenhaus architektonisch an italienische Villen erinnern. Diese gut erhaltenen Gebäude aus der Mitte des 19. Jahrhunderts sind allein schon einen Besuch wert, die Haltung von Nutztieren alter Haustierrassen auf dem Gelände vervollkommnet den historischen Eindruck der Gutsanlage.

Für Familien mit Kindern ist ein Besuch in Britz ganz besonders

Die Wirtschaftsgebäude auf dem Gutshof stammen aus der Mitte des 19. Jahrhunderts.

geeignet: Sie sind herzlich eingeladen, an einer Rallye durch das Schloss- und Gutsgelände teilzunehmen und dabei Interessantes über die Nutztiere zu erfahren, regelmäßig werden Kinderführungen angeboten. Überhaupt ist die Kulturstiftung Schloss Britz sehr aktiv und lädt zu zahlreichen Veranstaltungen verschiedenster Formate, ob klassisches Konzert, Theateraufführung oder Kutschfahrt, ob im historischen Festsaal, auf der Freilichtbühne oder im modern ausgestatteten Saal des Kulturstalls.

Info

Adresse: Alt-Britz 73, 12359 Berlin | schloss-gutshof-britz.de/schloss-britz

Anfahrt: U7 bis Parchimer Allee | Bus M44, M46 bis Fulhamer Allee

Gastronomie: Traditionelle Landhausküche mit regionalen Zutaten bietet das Restaurant Buchholz Gasthof Britz, Alt-Britz 81, 12359 Berlin.

8 Jagdschloss Grunewald

Hier ging Hector auf die Pirsch

Der Grunewald gehört neben dem Spandauer Forst, der Köpenicker Bürgerheide oder dem Tegeler Forst zu den großen Berliner Waldgebieten, in denen die Hauptstädter heute Erholung suchen. Im 16. Jahrhundert war dies noch dem Kurfürsten vorbehalten.

Als 1542 das Jagdschloss am südöstlichen Ufer des Grunewaldsees errichtet wurde, nannte man das Gebiet noch Teltower oder Spandower Heide. Erst als das Schloss „Zum grünen Wald" genannt wurde, begann man den Namen für den gesamten Forst zu verwenden.

Bauherr des Jagdschlosses war Joachim II. von Brandenburg, der sich selbst den Beinamen Hector gegeben hatte. Er war passionierter Jäger und eifriger Bauherr zugleich und ließ eine ganze Reihe von Jagdschlössern errichten oder zu diesem Zwecke umbauen. Dazu gehörten ein Jagdschloss in Bötzow, das später unter der Kurfürstin Luise Henriette von Oranien zum Schloss Oranienburg (▸ Seite 138) werden sollte, Jagdschlösser in Grimnitz bei Joachimsthal und in Rüdersdorf – beide nicht erhalten – sowie ein weiteres in Köpenick, das rund 120 Jahre später seine heutige, barocke Gestalt bekam und als Schloss Köpenick (▸ Seite 38) bekannt ist. Doch auch der Umbau der spätmittelalterlichen Schlossanlage in der Residenzstadt Cölln zu einem zeitgemäßen Stadtschloss im Renaissancestil geschah auf Joachims Veranlassung. Ein Reitweg wurde für den Kurfürsten angelegt, der die Residenz mit dem Jagdschloss „Zum grünen Wald" verband. Ein Teil dieses Wegs trägt noch heute den Namen Kurfürstendamm.

Beim Jagdschloss Grunewald handelt es sich um das älteste noch erhaltene Schloss in Berlin, Hoheit selbst legten 1542 den Grundstein. Die Entwürfe für den Renaissancebau stammen vermutlich von Caspar Theiss, dem führenden Berliner Baumeister jener Zeit. Über ihn weiß man nicht allzu viel, doch eines steht fest: Jagdschlösser wurden seine Spezialität. Auf seine Entwürfe gingen auch die Bauten in Grimnitz, Bötzow und Rüdersdorf zurück.

Für das Schloss im Grunewald entwarf Theiss, wenn er es denn war, einen zweigeschossigen Hauptbau mit einer Eingangshalle zum Hof – das heutige dritte Geschoss und das Mansarddach wurden später aufgesetzt. Im Winkel zwischen Eingangshalle und Hauptfassade befindet sich der oktogonale Treppenturm. Die Schießscharten an der Eingangshalle waren schon zur Zeit der Errichtung eher eine ästhetische Erinnerung an die Zeiten, als vergleichbare Bauten noch echten Verteidigungscharakter besaßen.

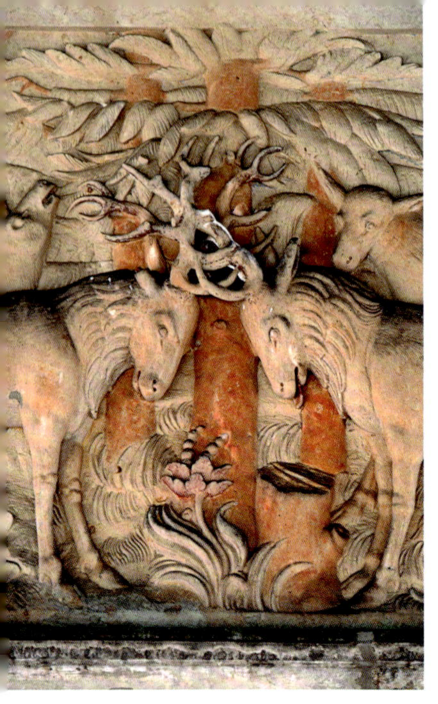

Sandsteinrelief über dem Haupteingang

Dasselbe gilt für die an Wehrtürme erinnernden massigen Ecktürme sowie den einstigen Wassergraben. Ursprünglich war das Schloss nämlich als Wasserschloss angelegt und nur über eine Holzbrücke zu erreichen. 1709 schüttete man die Gräben zu. Weil im 19. Jahrhundert der Grunewaldsee mehrmals abgesenkt wurde, um die Dahlemer Wiesen für die Torfgewinnung zu erschließen, liegt das Schloss heute fast drei Meter über dem Wasserspiegel. Den Schlosshof umgeben die notwendigen Nebengebäude, etwa Pferdeställe und natürlich ein Küchentrakt.

Beachtenswert ist das Sandsteinportal über dem Haupteingang, auf dem Hirsche beim Kampf mit dem Geweih, dem sogenannten Forkeln, dargestellt sind, eine Anspielung auf die Funktion des Hauses. Darunter befindet sich die Gründungsinschrift.

Auch das Jagdschloss Grunewald entging nicht dem Trend der Barockisierung um 1700. Allerdings gab es nur geringe Umbauten, da sich die königliche Familie hier ohnehin kaum aufhielt. Erst als 1828 die Parforcejagd in Mode kam, eine Hetzjagd zu Pferde mit Hundemeute, wurde es wieder häufiger genutzt und auch neu ausgestattet. Die letzten Umbauten erfolgten unter Kaiser Wilhelm II., ebenfalls ein großer Jäger, der den Grunewald bis 1904 als Revier nutzte. Dann fühlte er sich vom erholungssuchenden „Pöbel" dermaßen belästigt, dass er sein Jagdgebiet kurzerhand nach Birkenwerder verlegte.

Heute wird im Schloss eine Dauerausstellung zum Thema Jagd und Jagdleidenschaft der Hohenzollern gezeigt. Die Ausstellungsstücke umfassen einen Zeitraum von der Renaissance bis zum frühen 20. Jahrhundert, zu sehen sind etwa Darstellungen von Hofjagden und Jagdfesten, diverse Gegenstände mit Jagdmotiv und natürlich auch eine Trophäensammlung. In einem der Nebengebäude, dem sogenannten Jagdzeugmagazin, wurde bis 1904 verschiedenstes Jagdzubehör (außer Waffen) gesammelt, es kann heute besichtigt werden. Eine Ausstellung informiert über die verschiedenen Formen der Jagd. Erbaut wurde das Jagdzeugmagazin übrigens 1770 auf Befehl Friedrichs II., der der Jagd nicht viel abgewinnen konnte.

Wem das genauso geht, der schätzt vielleicht die umfangreiche Präsentation von Cranach-Gemälden im Schloss, die auf die Sammlung Joachims II. zurückgeht. Darunter befindet sich ein berühmtes, von Lucas Cranach dem Jüngeren gemaltes Porträt, das den finster dreinblickenden Hector als fast lebensgroße Halbfigur in einem prachtvollen Pelzgewand zeigt. Ergänzt wird die Ausstellung durch eine Kollektion altdeutscher und altniederländischer Gemälde des 15. und 16. Jahrhunderts. Im Rahmen von Sonderführungen kann auch die Porträtsammlung brandenburgisch-preußischer Herrscher besichtigt werden. Darüber hinaus lohnt ein Blick in das vielfältige kulturelle Programmangebot des Jagdschlosses, das auch Familien anspricht.

Info

Adresse: Hüttenweg 100, 14193 Berlin | spsg.de/schloesser-gaerten

Anfahrt: Bus 115, X10 bis Brücke-Museum/Kunsthaus Dahlem, 1.200 m Fußweg

Gastronomie: Täglich wechselndes Kuchenangebot und Snacks (sogar für Hunde!): Bistro im Jagdschloss Grunewald, Hüttenweg 100, 14193 Berlin) | Italienische Küche im historischen Ambiente eines ehemaligen Forsthauses mit Sommergarten: Locanda 12 Apostoli, Hüttenweg 90, 14193 Berlin | Gehobene Schweizer Küche im Biergarten unter hohen Bäumen: Châlet Suisse, Clayallee 99/Im Jagen 5, 14195 Berlin

9 Schloss Glienicke mit Jagdschloss Glienicke

Ein Stück Italien in Preußen

Direkt an der Grenze zu Potsdam findet sich eine Anlage des 19. Jahrhunderts von außergewöhnlicher Schönheit. Prinz Carl von Preußen, dritter Sohn von König Friedrich Wilhelm III. und Königin Luise, schuf sich hier sein persönliches Paradies.

Wie sein Vater und seine Brüder war Prinz Carl geradezu besessen von Italien, also wünschte er sich, in einer italienischen Villa in einer arkadischen Ideallandschaft an der Havel zu residieren. Als geeignetes Anwesen erwies sich das Landgut Glienicke in Ufernähe des Jungfernsees, das Carl 1824 als 23-Jähriger kaufte. Mit dem Umbau des existierenden Landhauses beauftragte er Karl Friedrich Schinkel. Der war stets der richtige Mann für die Umsetzung königlich-preußischer Fantasien, insbesondere italienischer. Er entwarf das Schloss im Stil eines italienischen Landsitzes und baute ein Casino, von dem aus man einen herrlichen Blick über den Jungfernsee hat. Fast 60 Jahre nahm die Ausgestaltung dieses Sommersitzes in Anspruch. Was Schinkel bereits vorfand, war der sogenannte Pleasureground, den Peter Joseph Lenné für den Vorbesitzer, Karl August Fürst von Hardenberg, angelegt hatte. Die sich sanft zur Havel hinabschwingenden grünen Wiesen zwischen baumbestandenen Hügeln kamen wohl Prinz Carls Landschaftsideal recht nahe und mögen ihn zum Kauf verführt haben.

Schinkel widmete sich nun also der Aufgabe, das passende Gebäude zur Landschaft zu planen: das Schloss in der Gestalt einer klassizistischen Villa. Es entstand ein hufeisenförmiger Komplex aus verschiedenen Baukörpern, die eine jeweils andere Ansicht bieten. Das ehemalige Gutshaus erhielt ein Flachdach, eine helle, durch Quaderung gegliederte Putzfassade und nach Süden hin einen Mittelrisalit mit hohen Fenstertüren, einem Balkon und einer Gliederung durch Pilaster. An die Villa schließen sich Flügel an: der Hofdamenflügel, zunächst eingeschossig und später aufgestockt, und der Kavalierflügel, ein zweigeschossiger Putzbau mit stark vorkragendem Walmdach. Diese Flügel umfassen einen idyllischen

Gartenhof mit Pergola. Hinter dem Kavalierflügel befindet sich die ehemalige Wagenremise, die mehrmals umgebaut wurde und dadurch leider die von Schinkel ursprünglich beabsichtigte Wirkung verloren hat. Heute ist hier ein Restaurant untergebracht. Überragt wird das Schloss von einem Turm – damit reiht sich das Ensemble ein in die Vielzahl von italianisierenden Turmvillen in der Berlin-Potsdamer Kulturlandschaft. Eine Besonderheit sind die vielen antiken Kunstwerke, die Prinz Carl auf seinen Italienreisen begeistert zusammentrug und die das Gebäudeäußere, aber auch die Innen- und Gartenräume an vielen Stellen schmücken.

Die Interieurs der Villa gestaltete Schinkel mit klassizistischer Schlichtheit, die Räume unterschied er durch kräftige Farben: Es gibt einen Roten Saal und einen Grünen Salon, ein in Türkis gehaltenes Schlafzimmer und eine sehr blaue Bibliothek, darüber hinaus ein Marmorzimmer.

Heute beherbergt Schloss Glienicke ein Hofgärtnermuseum – das erste seiner Art in Europa: Es illustriert die Facetten gärtnerischer Arbeit vom Planzeichnen bis hin zur Blumenkultur und zeigt die verschiedenen Möglichkeiten der Berufsausbildung.

Wenn man die Anlage durch das Johanniter- oder Greifentor betritt, benannt nach den vergoldeten Greifen, passiert man rechts das Pförtnerhaus, während sich linker Hand bereits der Pleasureground mit der Löwenfontäne öffnet. Schinkel entwarf sie 1838 und integrierte zwei Bronzelöwen aus St. Petersburg, ein

Die Große Neugierde

Geschenk der Schwester des Prinzen Carl, Ehefrau des Zaren Nikolaus I. Den Pleasureground bereichern weiterhin das Stibadium (große Liegebank), der Haupt-Teeplatz, zwei Pavillons zur heimlichen Beobachtung des Treibens auf der Königstraße und der Glienicker Brücke mit den Bezeichnungen Kleine und Große Neugierde sowie das Casino, ein architektonisch strenger zweigeschossiger Putzbau mit Pergolen, der sich über dem Jungfernsee erhebt.

Auch der Klosterhof – natürlich eine Nachahmung – für Carls Sammlung mittelalterlicher und byzantinischer Kunst sowie die Orangerie und zwei Brunnen gehören zu den Attraktionen des Pleasuregrounds. An diesen schließt sich noch der riesige Schlosspark an, in dem man, auch mit Kindern, viele schöne Stunden verbringen kann und in dem sich ebenfalls interessante Bauwerke finden wie das sehr sehenswerte Gärtner- und Maschinenhaus, 1836–38 von Persius als italianisierende Anlage errichtet, das Matrosenhaus, ebenfalls von Persius, und der Jägerhof. Verschlungene Wege

Jagdschloss Glienicke mit Vorbau von Max Taut aus den 1960er-Jahren

führen zur Einsiedelei, zu einer Römischen Bank, und es gibt noch vieles mehr zu erkunden.

Als der junge Prinz Carl die Gegend für sich entdeckte, existierte bereits das alte Jagdschloss an der Glienicker Lake, gegenüber vom Park Babelsberg, das ursprünglich der Große Kurfürst Ende des 17. Jahrhunderts hatte bauen lassen. Zu Zeiten Carls wurden dort aber bereits Wachstuchtapeten produziert, später war es ein Waisenhaus. Es interessierte ihn nicht. 35 Jahre später ließ er es dann immerhin für seinen Sohn herrichten.

Heute trennt die Königstraße die beiden Gebäude, die nur rund 500 Meter voneinander entfernt sind. Schloss Glienicke liegt nördlich, das Jagdschloss südlich. Die Königstraße wiederum mündet direkt in die Glienicker Brücke über die Havel, ein Stahlfachwerkbau von 1907 – übrigens die vierte

Brücke an dieser Stelle und ein Nachfolgebau der nach Plänen von Schinkel 1831 errichteten Steinbrücke. International bekannt wurde die Glienicker Brücke für den spektakulären Austausch von Agenten während des Kalten Kriegs. Der Stoff wurde unter dem Titel *Bridge of Spies* prominent von Steven Spielberg am Originalschauplatz und in Babelsberg verfilmt, mit Tom Hanks in der Hauptrolle.

Das Jagdschloss wurde nach dem Zweiten Weltkrieg als Jugendherberge genutzt und 1963/64 von Max Taut zu einer Jugendbegegnungsstätte umgebaut. Dabei verschwand die parkseitige Freitreppe und es entstand der moderne Vorbau. Heute beherbergt es eine Fortbildungsstätte, die nicht besichtigt werden kann. Der Park ist zugänglich. Seine schönste optische Wirkung entfaltet das Gebäude jedoch vom Babelsberger Ufer aus.

Um über die Brücke auf die Babelsberger (also Potsdamer) Seite der Glienicker Lake zu gelangen, bietet sich ein kleiner Spaziergang durch den Potsdamer Stadtteil Klein-Glienicke an. Die Exklave am Nordufer wurde während der deutschen Teilung als „Blinddarm der DDR“ bezeichnet. Hier befinden sich die ebenfalls von Prinz Carl von Preußen in Auftrag gegebenen Schweizerhäuser. Ausklingen lässt man den Tag bei schönem Wetter am besten bei einem Eis oder einem kühlen Bier in Wartmanns Café.

Info

Adresse: Königstraße 36, 14109 Berlin | spsg.de/schloesser-gaerten

Anfahrt: Bus 316 bis Schloss Glienicke | Tram 93 bis Glienicker Brücke

Gastronomie: Deutsche Küche mit Blick ins Grüne: Lutter & Wegner Schloss Glienicke im Schloss | Idyllisches Café mit Eis aus eigener Herstellung und Biergarten direkt am Wasser: Wartmanns Café, Waldmüllerstraße 8, 14482 Potsdam

10 Schloss auf der Pfaueninsel

Alchimistenküche und Liebesnest

Hier züchtete der Große Kurfürst Kaninchen, Johannes Kunckel zauberte rotes Glas und Friedrich Wilhelm II. baute seiner Geliebten ein Märchenschloss aus Holz und eine Meierei in Gestalt eine Ruine, in der sie Bäuerin spielen konnte. Die Pfaueninsel ist Preußens liebste Projektionsfläche!

Ein Besuch auf der Pfaueninsel hat immer etwas Romantisches: Schon dass man nur mit der Fähre hinkommt, verleiht dem Inselchen die Illusion der Abgeschiedenheit. Weiß leuchtet das kleine Schlösschen, das aussieht wie aus dem Märchenbuch, Pfauenschreie gellen durchs Grün. Das war keineswegs immer so: Über Jahrhunderte war die südlichste und größte der Berliner Havelinseln ungenutzt, also quasi Wildnis, bis der Große Kurfürst Friedrich Wilhelm befahl, hier eine Kaninchenzucht aufzubauen. Das Fleisch und die Felle trachtete der Durchlauchtigste finanziell zu verwerten, was auch gelang. Die bis dato in ökonomischer Hinsicht bedeutungslose Insel nannte man fortan Kaninchenwerder.

Friedrich Wilhelm hatte seine Jugend in den Niederlanden verbracht, die wirtschaftlich prosperierten, während gleichzeitig weite Teile Europas vom Dreißigjährigen Krieg verheert wurden. Als er 1638 von seinem Vater gegen seinen Willen nach Berlin zurückbeordert wurde, fand er eine provinzielle Stadt und ein verwüstetes Umland vor. Zwei Jahre später folgte er Georg Wilhelm auf den Thron. Seine Vision: Brandenburg und das Herzogtum Preußen zu konsolidieren und dann ein blühendes Land wie die Niederlande aus dem märkischen Sand zu stampfen. Dabei sollten auch rund 20.000 in ihrem Heimatland verfolgte Hugenotten helfen, denen Friedrich Wilhelm durch das Edikt von Potsdam 1685 freien Zuzug gewährte.

Im selben Jahr bekam ein gewisser Johannes Kunckel die gesamte Pfaueninsel zum Geschenk. Vonseiten des Kurfürsten war das kein altruistischer Akt, er erwartete auch von Kunckel etwas, mit dem sich gute Einnahmen erzielen ließen: kostbares Glas. Der Alchimist und Glasmacher Kunckel lieferte, darunter ein Rubinglas von großer Leuchtkraft. Auf der Insel durften Kunckel und seine Leute autark wirtschaften: brauen, mahlen und Branntwein brennen. Diese Privilegien entsprangen dem Hintergedanken, dass die Glasmacher die Insel nicht verlassen mussten, sie waren also auch zum Zwecke der Geheimhaltung gewährt worden.

Ende des 18. Jahrhunderts wurde das Eiland zur „Île scandaleuse". König Friedrich Wilhelm II., der unter anderem wegen seiner Mätressen-

Wer auf die Pfaueninsel will, muss die Fähre nehmen.

wirtschaft vom Volk als »Dicker Lüderjahn« verspottet wurde, erwarb 1793 die Pfaueninsel für sich und seine Geliebte Wilhelmine Encke, die der Form halber mit einem Kammerdiener namens Johann Friedrich Ritz verheiratet worden war. Sie schenkte dem König sechs Kinder und beriet ihn als enge Vertraute unter anderem in künstlerischen Fragen. So wurde das Refugium der Liebesleute auf der Pfaueninsel stark von Wilhelmines Vorstellungen geprägt.

Bereits 1793 begann eine erste gärtnerische Erschließung der Insel, 1794 entstand das Schloss als Fachwerkbau. Wegen seines weißen Anstrichs leuchtet der Holzbau mit seinen zwei ungleichen Türmen und der sie verbindenden Brücke weit in die Ferne, und genau auf Fernwirkung war er auch berechnet. Was etwa vom Park Babelsberg aus verlockend wirkt, entpuppt sich bei einer Visite als überraschend klein. Dem Liebespaar genügte es – schließlich hatte es ja die ganze Insel zu seiner Verfügung. Im Schlossinneren haben sich mit wertvollen Möbeln, Tapeten und Fußböden kostbare und fantasievolle Interieurs vom Ende des 18. Jahrhunderts erhalten.

Natürlich bedurfte auch ein Liebesnest vielfältiger Dienstleistungen für die verwöhnten Schlossbesitzer. So entstand ebenfalls 1794 ein separates Küchenhaus am Havelufer. Wahrscheinlich unter dem Einfluss der Wilhelmine, ab 1796 Gräfin Lichtenau, kam auf die Insel, was seinerzeit in Mode war – war die Tochter eines Hornisten doch bemüht, ihre hohe Bildung auszustellen. So entstand nördlich des Schlosses mit dem sogenannten Jacobsbrunnen eine künstliche Ruinenarchitektur nach einem antiken römischen Vorbild, und da man seinen Rousseau gelesen hatte und sich nach einer Rückkehr zur Natur sehnte – aber bitte nicht ohne Komfort –, entstand auch eine Meierei in Form einer gotischen Klosterruine; schließlich hatte Marie Antoinette in Versailles auch eine. Und wie die französische Königin hat die Gräfin Lichtenau wohl auch hier selbst Butter geschlagen.

Dass der Park auf der Pfaueninsel mittlerweile als einer der bedeutenden Landschaftsparks des 19. Jahrhunderts gilt, verdankt sich vor allem dem Nachfolger, Friedrich Wilhelm III., der die Encke-Ritz-Lichtenau als Erstes wegen Hochverrat und Unterschlagung in Haft nehmen ließ. Zwischen 1816 und 1834 erfolgte durch den Hofgärtner Ferdinand Fintelmann sowie Peter Joseph Lenné die Umgestaltung zu einem Landschaftsgarten, in den auch landwirtschaftliche Flächen gestalterisch einbezogen wurden.

Auf der Pfaueninsel gibt es weitaus mehr zu entdecken als hier beschrieben, und man kann auf den verschlungenen Wegen mit ihren zahlreichen Bänken einen ganzen Tag verbringen. Die Überfahrt mit der Fähre – die älteste Fährverbindung Berlins wurde 1821 eingerichtet – dauert nur wenige Minuten. Das Fährgeld ist zugleich der Eintritt für die Insel.

Info

Adresse: Pfaueninsel, 14109 Berlin | spsg.de/schloesser-gaerten

Anfahrt: S1, S7, RE1, RE7 bis Bahnhof Wannsee, dann Bus 616 oder Bus 218 bis Pfaueninsel

Gastronomie: Für den kleinen Hunger und Durst: Kaffeegarten auf der Liegewiese (auf der Insel) | Im rustikalem Ambiente speist man gern auch Deftiges: Wirtshaus zur Pfaueninsel, Pfaueninselchaussee 100 (beim Fähranleger), 14109 Berlin.

Potsdamer
Schloss-
und Park-
landschaften

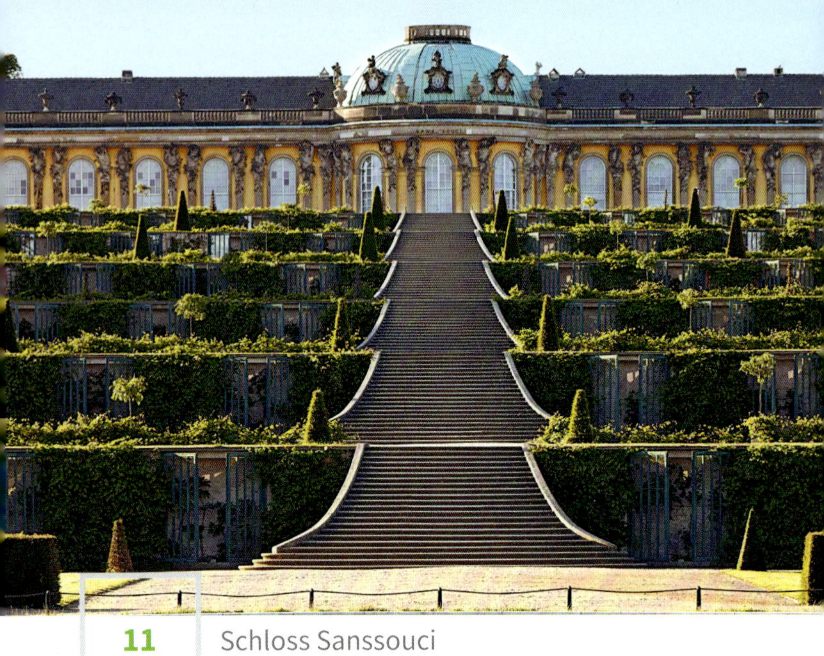

11 Schloss Sanssouci

Das Lieblingsschloss des Alten Fritz

In seinem Weinbergschlösschen verbrachte Friedrich II. etliche Sommer seines Lebens. Hier fanden seine berühmten Tafelrunden statt, hier gab er Flötenkonzerte und empfing viele Gäste. Aber natürlich machte der „Philosophe de Sans-Souci“ in Sanssouci auch Politik.

Eigentlich ist es ein ziemlich kleines Schloss, das inzwischen einer ganzen, zum UNESCO-Welterbe zählenden Park- und Schlosslandschaft seinen Namen gibt. Kein Besucher der Stadt Potsdam kommt daran vorbei, und sogar aus Übersee strömen die Gäste herbei, um den Ort zu besichtigen, an dem sich Friedrich II. am liebsten aufhielt und mehr als vierzig Sommer verbracht haben soll. Von „ma vigne" – „meinem Weinberg" auf dem Bornstedter Höhenzug – soll er bereits als Kronprinz geträumt haben, wie Gisela Heller in ihren *Potsdamer Geschichten* mit dem ihr eigenen Humor erzählt: „Wenn der Soldatenkönig Friedrich Wilhelm I. gute Laune hatte oder wenn er schlechte abreagieren wollte, zog er mit seinen Lieblingsoffizieren oder mit der ganzen Familie vor Potsdams Brandenburger Tor in seinen Küchenkräutergarten. [...] Zuweilen schlug sich der junge Kronprinz Friedrich seitwärts in die Büsche, um auf dem Gelberg unterm Klappern der Windmühlenflügel seinen schwärmerischen Gedanken nachzuhängen. Von dort genoss man eine wunderschöne Aussicht auf die breite, gemächlich dahinfließende Havel, auf den waldreichen Tornow am jenseitigen Ufer und die dahinterliegenden dunklen Ravensberge. Wenn ich erst König bin, mochte der kleine Fritz fabulieren, dann will ich hier einen Weinberg anlegen mit einem Pavillon und darin leben, wie es mir gefällt, dann werde ich Trauben essen, französische Romane lesen, Verse machen, Flöte spielen, und niemand wird es mir verbieten ..." Ob Kronprinz Friedrich wirklich schon davon träumte – wer weiß es? Das „Weinbergschlösschen" Sanssouci – vom französischen *sans souci* (ohne Sorge) – basiert jedenfalls auf einer Skizze von ihm aus dem Jahre 1744, da war er schon seit vier Jahren König.

Nähert man sich dem Schloss von der Großen Fontäne, sieht man zunächst die tausendfach fotografierten Weinbergterrassen – mit der oberen, der Schlossterrasse, sind es sechs. Die parabolische Anordnung der Terrassen und Spaliere hatte den Zweck, genug Sonnenwärme für Reben und Feigenbäume einzufangen und zu speichern, beide Pflanzen werden bis heute dort kultiviert. Der terrassierte Weinberg war bereits da, als der König

am 13. Januar 1745 die Order zum Bau einer *Maison de Plaisance*, also eines Lusthauses erließ. Den Auftrag erhielt sein Lieblingsarchitekt Georg Wenzeslaus von Knobelsdorff, der sich vorwiegend autodidaktisch zum Baumeister ausgebildet hatte und zum führenden Architekten des friderizianischen Rokoko wurde.

Die feierliche Einweihung fand am 1. Mai 1747 statt, die Arbeiten am Marmorsaal zogen sich jedoch noch bis ins folgende Jahr.

Beim Aufstieg fällt auf, dass das Schloss immer wieder in der oberen Terrasse zu versinken scheint, um dann allmählich wieder aufzutauchen. Knobelsdorff hätte es lieber anders gehabt, indem er das Schloss näher an die Kante der oberen Terrasse gesetzt hätte, denn ihm kam es auf Fernwirkung an. Den König, der ja von oben in die Ferne schaute, interessierte die aber nicht. Auch erhielt das Schloss weder Sockel- noch Kellergeschoss wie vom Baumeister eigentlich vorgesehen. Das hatte Folgen: Wie vorausgesagt war es immer fußkalt, und dieser Umstand verschlimmerte des Königs Gicht. Außerdem ruinierte die aufsteigende Feuchtigkeit das Parkett. Allein der König duldete keinen Widerspruch, und daher war es kein Wunder, dass viele seiner Baumeister irgendwann in Ungnade fielen, selbst Knobelsdorff.

Die obere Terrasse wird an beiden Seiten von kleinen Lärchenwäldchen begrenzt, die zur Schlossseite hin nischenartige Räume bilden. In diesen Halbrondells stehen Kopien von Marmorbüsten römischer Kaiser sowie die Skulpturen Kleopatra mit trauerndem Amor und Flora mit Zephyr. Hier befindet sich auch eine – häufig mit Kartoffeln „geschmückte" – schlichte

Grabplatte. Darunter liegt die Gruft Friedrichs II., die er bereits vor Beginn des Schlossbaus hatte anlegen lassen. Ihre Existenz unterlag strengster Geheimhaltung. Nur in seinen Testamenten ging Friedrich darauf ein. Sein Wunsch, dort ohne Pomp neben seinen geliebten Hunden beigesetzt zu werden, wurde von seinem Nachfolger Friedrich Wilhelm II. allerdings nicht respektiert. Stattdessen wurde er in der Gruft der Garnisonkirche bestattet. Erst am 17. August 1991, seinem 205. Todestag, fand Friedrich II. hier seine letzte Ruhe – mit sehr viel Pomp!

Auf der Gartenseite des Schlosses befinden sich zu beiden Seiten Gittersalons und Laubengänge, die auf Entwürfe von Knobelsdorff zurückgehen. Im östlichen Gartenpavillon steht der Betende Knabe, Bronzenachguss einer berühmten antiken Skulptur, der immer wieder Anlass zu Spekulationen über die sexuellen Präferenzen Friedrichs des Großen gegeben hat. Angeblich betrachtete er die Skulptur gern von der Bibliothek aus; man kann sich jedoch selbst davon überzeugen, dass dies ohne Fernglas nicht möglich ist.

Das leuchtend gelb gestrichene Schloss selbst ist ein eingeschossiger Bau. Die ihm angeschlossenen Wirtschaftstrakte ließ Friedrich Wilhelm IV. nach 1840 aufstocken, im Westen entstand so ein Flügel für die Hofdamen, im Osten für die Schlossküche und den Weinkeller. Küche und Weinkeller können besichtigt werden. Der Mittelbau tritt halboval hervor und wird von einer Kuppel überragt; auf diese Weise doppelt

Das Konzertzimmer Friedrichs des Großen – hier spielte er Querflöte.

hervorgehoben verweist er auf den Festsaal im Inneren: den Marmorsaal. Rundpavillons begrenzen das Bauwerk an zwei Seiten. An den Festsaal schließen sich nach Osten die fünf königlichen Wohnräume, nach Westen fünf Gästezimmer an.

Gäste betraten das Schloss nicht von der südlichen Seite mit den Weinbergterrassen, sondern über den nördlich gelegenen Ehrenhof mit Kolonnaden korinthischer Ordnung. Hierher gelangte man ehemals über die Rampe gegenüber dem Vestibül. Heute ist das Gittertor an der Rampe verschlossen, man schaut darüber hinweg auf den sogenannten Ruinenberg. Die künstlich angelegten Ruinen mit dem 23 Meter hohen Normannenturm sind nicht nur malerischer Blickfang und eine Reverenz an die römische Antike, sie rahmen auch ein riesiges rundes Becken. Mit dem hier gesammelten Wasser sollten die vielen Wasserspiele des Schlossparks gespeist werden, doch funktionierten sie zu Friedrichs Zeiten nie.

Das Vestibül und der Marmorsaal nehmen als die repräsentativsten Räume das Motiv der korinthischen Doppelsäulen des Ehrenhofes auf. Der

Eingangssaal ist mit weißem schlesischen Marmor ausgelegt, weiß sind auch die Säulen aus Stuckmarmor, während ihre Kapitelle und Basen vergoldet wurden. Vom Vorsaal aus begibt man sich in die Kleine Galerie, die bereits zu Friedrichs Privatgemächern zählte. Vorwiegend Werke des Rokoko-Malers Antoine Watteau sowie seiner Schüler Nicolas Lancret und Jean-Baptist Pater zieren die Wände. Die königlichen Appartements schließen sich an den Marmorsaal an: zunächst das Audienzzimmer, in dem Besucher auf den Empfang warten mussten und das auch als Speisezimmer genutzt wurde. Es folgt das Konzertzimmer mit vergoldeten Wand- und Deckenornamenten – einer der schönsten Räume des deutschen Rokoko. Das anliegende Schlaf- und Arbeitszimmer ist in seiner ursprünglichen Gestalt nicht erhalten. Es wurde im klassizistischen Stil umgestaltet, da es ziemlich verwohnt war, nachdem Friedrich II. es – natürlich mit seinen Hunden! – bewohnt hatte und am 17. August 1786 auch hier gestorben war. Den gestalterischen Höhepunkt bildet die Bibliothek im östlichen Rundpavillon, ein mit Zedernholz getäfelter Raum. Ornamente aus vergoldeter Bronze überziehen die Wände, in die vier Bücherschränke eingelassen sind. In die Bibliothek eingeladen zu werden galt als besondere Ehre – berühmtester Gast war Voltaire, der sich 1750 und 1753 in Potsdam aufhielt. Westlich des Marmorsaals erstreckt sich der Gästetrakt mit ebenfalls sehenswert ausgestatteten Wohnräumen.

Info

Adresse: Maulbeerallee, 14469 Potsdam | spsg.de/schloesser-gaerten

Anfahrt: Bus 695 bis Schloss Sanssouci | Bus 614, 650 bis Schloss Sanssouci/ Bornstedter Straße | Tram 91, 94, diverse Buslinien bis Luisenplatz/Park Sanssouci

Besucherzentren für die Gesamtanlage Sanssouci: Historische Mühle: An der Orangerie 1, 14469 Potsdam | Neues Palais: Am Neuen Palais 3, 14469 Potsdam

Gastronomie: Mit Sonnenterrasse, Palmensaal, Biergarten und Kinderspielplatz, dafür nicht ganz billig: Zur Historischen Mühle, Zur Historischen Mühle 2, 14469 Potsdam | Täglich wechselnder kreativer Mittagstisch: Theaterklause Potsdam, Zimmerstraße 10–11, 14471 Potsdam

12 Neues Palais

Friedrichs Angeberschloss

Mit dem prächtigen Neuen Palais wollte Friedrich II. Macht und Stärke demonstrieren und seine Gäste beeindrucken. Der Unterschied zum verspielten Schloss Sanssouci mit seinem intimen Charakter könnte kaum größer sein.

Schon vom östlichen Parkeingang, dem Obeliskenportal, ist es in der Ferne sichtbar, und die Hauptallee des Parks Sanssouci läuft schnurgerade darauf zu. Aber erst aus der Nähe entfaltet das Neue Palais seine ganze barocke Pracht. Nach dem für Preußen siegreichen Siebenjährigen Krieg (1756–63) strotzte Friedrich II. vor Selbstbewusstsein und suchte nach einem Ausdruck für die Großmachtrolle Preußens. Neben dem Repräsentativbau des Brandenburger Tors am Potsdamer Luisenplatz, das einem römischen Triumphtor nachempfunden ist, sollte auch das Neue Palais mit seinen Umgebungsbauten diesem Zweck dienen. Friedrich selbst hat es als eine „Fanfaronade" bezeichnet, als Prahlerei. Es sollte seine Gäste beeindrucken, wenn sie während der sommerlichen Festsaison nach Potsdam kamen und im Neuen Palais untergebracht wurden, gleichgültig, ob fremde Herrscher oder Familienmitglieder. Dann bewohnte Friedrich auch die extra für ihn eingerichtete Königswohnung in dem wie ein kleiner Anbau wirkenden südlichen Flügel des Schlosses, das weit weniger intim war als sein Weinbergschlösschen. Das Neue Palais ist das letzte der unter Friedrich II. im Park von Sanssouci errichteten Schlossbauten. Später sollte es zum bevorzugten Aufenthaltsort des letzten deutschen Kaisers Wilhelms II. und seiner Familie werden.

Ursprünglich war am Ende der langen Ost-West-Achse durch den Park gar kein Schloss vorgesehen, vielmehr sollte südlich der Terrassenachse am Havelufer ein Gebäude entstehen. Die Planungen mit allen folgenden Planänderungen hatten schon Mitte der 1750er-Jahre begonnen, zunächst unter den Baumeistern Johann Gottfried Büring und Heinrich Ludwig Manger. Immer wieder mischte sich der König in ihre

Die Marmorgalerie mit Schachbrettmuster

Arbeit ein, wies technische Bedenken unwirsch zurück und war am Ende so verärgert über die durchaus berechtigten Einwände seiner Architekten, dass er zunächst Büring und später auch Manger in Haft nehmen ließ – unter dem Vorwand der Untreue. Als Baumeister bei Friedrich in Ungnade zu fallen war keine Kunst (selbst Knobelsdorff teilte später dieses Schicksal, wenngleich ohne Haft). Doch die unkundige Einmischung des Königs rächte sich: Bereits zu seinen Lebzeiten musste am Neuen Palais saniert werden.

Planung und Bau wurden schließlich von Carl von Gontard fort- und zu Ende geführt, dem Potsdam neben der Stadtseite des Brandenburger Tors auch das Große Militärwaisenhaus, das Marmorpalais und den Palast Barberini verdankt. 1769 wurde das Neue Palais nach sechsjähriger Bauzeit schließlich fertiggestellt.

Schon von der Parkseite, dem sogenannten Rasenparterre aus wirkt das Schloss mit seiner Ausdehnung von 220 Metern überwältigend. Doch nur vom westlichen Vorplatz mit dem eigenartigen Namen Mopke aus erkennt man, dass es sich um eine Dreiflügelanlage handelt, wobei sich an die relativ kurzen zweigeschossigen Seitenflügel noch eingeschossige Nebentrakte anschließen: die Königswohnung und der Hofdamenflügel. Die Anlage umfängt den sogenannten Cour d’honneur – den für die symmetrischen Schlossbauten des Barock typischen Ehrenhof. Sowohl auf der Hof- als auch auf der Parkseite des Wohntrakts tritt ein fünfachsiger Mittelrisalit mit einem Dreiecksgiebel hervor, darüber erhebt sich eine 55 Meter hohe Kuppel. Sie wird bekrönt von drei überlebensgroßen vergoldeten Figuren, den drei Grazien Euphrosyne („Frohsinn“), Thalia („Festfreude“) und Aglaia („die Glänzende“), die auf einem Kissen die Königskrone tragen. Die Kuppel selbst dient allein der architektonischen Wirkung, sie überwölbt keinen Saal. So täuscht sie gewissermaßen etwas vor, das nicht da ist – was im Übrigen auch für das Ziegelmauerwerk gilt. Denn Friedrich II. war ein sehr ungeduldiger Bauherr, die Arbeit konnte ihm nicht schnell genug vorangehen. Und da das sorfältige Verfugen der Backsteine zu viel Zeit in Anspruch genommen hätte, wurden Mauerwerk und Fugenstrich eben aufgemalt. Lediglich der südliche Seiten-

Im Grottensaal sind Fossilien, Mineralien und Muscheln dekorativ verarbeitet.

flügel mit der Königswohnung zeigt eine echt gemauerte Ziegelwand. Auffallend ist der reiche plastische Schmuck aus Sandstein.

Von den ungefähr 200 Räumen des Schlosses sind 60 zu besichtigen. Sie sind repräsentativ ausgestattet, wobei auch hier der König selbst maßgeblichen Einfluss auf Raumprogramm und Dekor nahm. Die beiden prächtigsten Räume sind der Marmorsaal und der Grottensaal, beide zur Hofseite gelegen und über Vorhallen, Unteres und Oberes Vestibül genannt, erschlossen. Bereits in der Renaissance spielten bei der Gestaltung von Villen und Schlössern Wasserspiele und Grotten eine bedeutende Rolle, aber im Barock wurden diese Elemente der Architektur und Gartengestaltung beinahe zur Sucht: Man leistete sich mindestens eine Grotte – im Park Sanssouci gibt es auch noch die Neptungrotte von Knobelsdorff. Der Grottensaal im

In der Fürstenwohnung

Neuen Palais wird durch Pfeiler in drei Abschnitte gegliedert und wirkt etwas gedrückt. Brunnennischen mit Skulpturen sowie die Marmorinkrustationen des Fußbodens mit Meerestieren und -pflanzen vertiefen das Thema Grotte und Wasser. Nicht alle Ausstattungsstücke stammen aus der Zeit Friedrichs des Großen – viele der Fossilien, Mineralien und Muscheln haben auch Wilhelm II. und seine Frau, Kaiserin Auguste Victoria, zusammengetragen. Als sogenannte Sala terrena, als Gartensaal zu ebener Erde, fungierte der Grottensaal als Festsaal, diente aber auch an heißen Sommertagen nach einem Spaziergang im Park der Abkühlung, da er von der Gartenseite aus direkt betreten werden kann.

Die sich westlich an den Grottensaal anschließende Marmorgalerie bildet den Übergang zur Königswohnung. Sie ist mit farbigem Marmor und nach dem Vorbild französischer Spiegelgalerien gestaltet, das dreiteilige Deckengemälde zeigt die Tageszeiten. Der über dem Grottensaal liegende Marmorsaal diente festlichen Zwecken. Er wurde von Carl von Gontard nach dem Vorbild des Marmorsaals im Stadtschloss von Potsdam gestaltet und besitzt einen 600 Quadratmeter großen Natursteinfußboden mit reichen farbigen Inkrustationen. Auch an Gold und Kristall wurde hier nicht gespart. Vier großformatige Gemälde mit antiken Sujets zieren die Wände, alle stammen sie vom Hofmaler Antoine Pesne – der es übrigens zum Hofmaler dreier preußischer Könige brachte und bei dem sich Knobelsdorff ausbilden ließ.

Da Friedrich der Große Theater und Oper liebte, gibt es auch ein prächtiges kleines Schlosstheater – es wird bis heute bespielt. Der recht intim wirkende Raum wurde in Anlehnung an Knobelsdorffs Theater im Potsdamer Stadtschloss entworfen, der Zuschauerraum birgt ein amphitheatrisch ansteigendes Parterre und durch vergoldete Hermen – skulpturähnliche Pfeiler mit Kopf und Schultern – gegliederte Räume. Logen gibt es keine, Friedrich II. pflegte im Parkett zu sitzen. Das Theater kann, ebenso wie die Königswohnung, in der sich Friedrich im Übrigen nur selten aufhielt, ausschließlich im Rahmen einer Führung besichtigt werden. Die Königswohnung besteht aus der Blauen und der Fleischfarbenen Kammer, dem Konzertzimmer und dem Arbeitszimmer, dem Schlafgemach, dem Schreibkabinett und dem Speisezimmer, und sie ist überraschend übersichtlich.

Gegenüber der Hofseite vom Neuen Palais wird der Schlosspark durch die sogenannten Communs abgeschlossen, zwei prächtig verzierte Bauten mit Freitreppen und Säulengängen. Sie dienten einst als Wirtschaftsräume und Unterkünfte für Gäste, Beamte und die Dienerschaft. Heute befindet sich hier ein Teil der Universität Potsdam, etwa das Präsidialamt und Institute der Philosophischen Fakultät. Verbunden sind sie durch einen Kolonnadenbogen, in dessen Mitte sich das Triumphtor befindet, ebenfalls Symbol des siegreichen Siebenjährigen Krieges.

Nördlich des Neuen Palais gibt es noch ein Heckentheater zu entdecken, hier kann man auch heute noch an lauen Sommerabenden Theater unterm Sternenhimmel genießen.

Info

Adresse: Am Neuen Palais 3, 14469 Potsdam | spsg.de/schloesser-gaerten

Anfahrt: Bus X5, 605 bis Neues Palais | RE1 bis Park Sanssouci, 500 m Fußweg

Gastronomie: Praktisch – den Speiseplan der Mensa kann man online einsehen und dann über einen Besuch entscheiden: Mensa der Uni Potsdam, Haus 12, Am Neuen Palais 10, 14469 Potsdam | swp.webspeiseplan.de

13 Schloss Charlottenhof

Ein königliches Weihnachtsgeschenk

Aus einem ursprünglich landwirtschaftlich genutzten Vorwerk schufen die beiden Größen der Bau- und Landschaftskunst, Karl Friedrich Schinkel und Peter Joseph Lenné, eine antike Ideallandschaft mit einer Villa, einem Rosengarten und einem Dichterhain.

Das Sanssouci-Ensemble sollte nach Friedrichs II. Tod zunächst weitgehend unverändert bleiben. Erst Friedrich Wilhelm III. kaufte für seinen Sohn, den Kronprinzen Friedrich Wilhelm, und dessen Gemahlin Elisabeth Ludovika von Bayern ein kleines Vorwerk südlich des Schlosses Sanssouci und schenkte es ihnen zu Weihnachten 1825. Es handelte sich um eine ursprünglich landwirtschaftlich genutzte Fläche, die der am Bau des Neuen Palais beteiligte Architekt Johann Gottfried Büring 1756 erworben und zu einem Gut ausgebaut hatte. Von 1790 bis 1794 befand es sich im Besitz der Maria Charlotte von Gentzkow, der Frau eines Kammerherrn, und nach ihr erhielt es auch seinen Namen Charlottenhof.

Auf dem Gelände stand bereits ein schlichtes Gutshaus, doch der Kronprinz beauftragte den „Stararchitekten" Karl Friedrich Schinkel mit dem Umbau zu einem Sommerschlösschen. Der erfolgte in den Jahren 1826–29. Dabei wurden teils Skizzen des musisch interessierten und künstlerisch ambitionierten Kronprinzen zugrunde gelegt, teils dienten antike römische Villen als Vorbild, denn genau das schwebte Friedrich Wilhelm vor: ein antiker Landsitz. Es entstand ein Musterbeispiel Schinkelschen Klassizismus', ein Traumschlösschen, eingebettet in eine Traumlandschaft. Der berühmte Gartenarchitekt Peter Joseph Lenné schuf die umliegenden Garten- und Parkanlagen und verband sie durch ein verschlungenes Wegenetz mit den Römischen Bädern und dem Park Sanssouci.

1835 entstand der Rosengarten am Schloss Charlottenhof. In einer Gartenlaube bezaubert die Skulptur eines wasserspeienden Satyrknaben, ein Werk des Bildhauers Christian Daniel Rauch. Blickt man vom Garten auf das Schloss, wird der antikisierende Charakter des Gebäudes besonders deutlich. Sofort fällt der tempelartige Portikus mit dorischen Säulen ins Auge. In der Mitte der Terrasse mit Pergola sprudelt eine Schalenfontäne, vor der Villa und vor der Exedra liegt jeweils ein halbrundes Wasserbassin. Auch die Skulpturen des Gartens spielen auf die Antike an: Klio, die Muse der Heldendichtung und der Geschichtsschreibung, sowie der Lichtgott Apoll säumen den Aufgang zur Pergola. Apropos Lichtgott: Das eingeschossige Bauwerk wirkt mit seinem weißen Putz, den zu Ehren der Prinzessin in bayerischen Landesfarben blau-weiß gestrichenen Fensterläden und mit seiner blumenreichen Umgebung insgesamt licht und heiter.

Von den zehn Räumen im Inneren wurden zwei von den Hofdamen genutzt, die übrigen standen dem Kronprinzenpaar zur Verfügung. Die klassizistische Innenausstattung stammt ebenfalls von Schinkel und ist in großen Teilen erhalten bzw. wiederhergestellt worden. Überraschend ist, dass das Interieur eher bürgerlich als höfisch wirkt, was wohl dem Wunsch der beiden hochherrschaftlichen Nutzer entsprach. Man kann sich gut vorstellen, wie der Kronprinz und seine Gattin hier gelebt haben, in einer Idylle im Herzen des preußischen Arkadien, das Friedrich Wilhelm erschaffen wollte.

Der größte und festlichste Raum ist der Speisesaal, der sich zur Terrasse öffnet mit Blick in den Garten. Die Wände schmücken Stiche nach Raffaels Fresken im Vatikan. Der vergoldete Tisch sowie der Kronleuchter in Form einer Öllampe stammen von Schinkel. Er gestaltete auch das Schreibkabinett von Elisabeth Ludovika: rosa Wände, moosgrüne Fensterrahmen, Leisten und Möbelstoffe, die Möbel und die Türfüllungen im Silberton – das alles wirkt ausgesprochen geschmackvoll und harmonisch. Den Höhepunkt der Ausstattung bildet das sogenannte Zeltzimmer, ebenfalls ein Werk Schinkels. Räume, deren Einrichtung einem Zelt gleicht, waren damals schwer in Mode, es gab bereits einen Vorgänger im Marmorpalais. In Charlottenhof entschied sich Schinkel für eine blau-weiß gestreifte Papiertapete, ebensolche Vorhänge und baldachinartige Überhänge.

Der tempelartige Portikus der Villa

Dazu stellte er Faltstühle in den Raum, wie man sie sich in einem Zelt im Freien durchaus vorstellen kann.

Charlottenhof ist nicht nur das Schlösschen, es ist vielmehr eine weitläufige Anlage mit weiteren sehenswerten Bauten und gestalterischen Elementen. Die Römischen Bäder – leider wegen Sanierungsarbeiten auf unbestimmte Zeit geschlossen – befinden sich am Maschinenteich nordöstlich des Schlosses. Bei ihnen handelt es sich um ein idyllisches Ensemble im Stil eines italienischen Landhauses, dessen erste Entwürfe von Schinkel bereits 1826 erarbeitet wurden. Westlich ans Schloss schließt sich der Dichterhain an, hier befinden sich acht Büsten berühmter deutscher und italienischer Poeten. Folgt man der Gartenachse des Schlosses weiter in Richtung Westen, gelangt man zum Hippodrom, 1836 von Lenné geschaffen und von einem Wäldchen umgeben. Noch weiter westlich liegt die ehemalige königliche Fasanerie, die seit 1920 Persönlichkeiten wie der Verlegerin Irmgard Kiepenheuer oder dem Dirigenten Wilhelm Furtwängler als Wohngebäude diente.

Der Speisesaal öffnet sich zum Garten.

Info

Adresse: Geschwister-Scholl-Straße 34a, 14471 Potsdam | spsg.de/schloesser-gaerten

Anfahrt: Tram 94, Bus 605, 610 bis Schloss Charlottenhof

Gastronomie: Pizza, Bockwurst und belegte Brötchen bietet das Café Caroline im Besucherzentrum, Am Neuen Palais 3, 14469 Potsdam. | Bayerische Hausmannskost im liebevoll sanierten Bahnhofsgebäude oder dem riesigen Biergarten gibt es im Augustiner im Bürgerbahnhof, Geschwister-Scholl-Straße 37, 14471 Potsdam.

14 Orangerieschloss

Der Gigant unter den Schlössern

Wieder einmal nahm sich ein Hohenzollernherrscher Italien als Vorbild: Im Auftrag Friedrich Wilhelms IV. entstand ein extrem lang gestreckter Bau mit Hallen für die Aufnahme nicht kälteresistenter Pflanzen. Besonders beeindruckend sind jedoch die königlichen Gemächer.

Friedrich Wilhelm II. und Friedrich Wilhelm III. hatten wenig Interesse an den Anlagen von Sanssouci gezeigt. Das änderte sich mit Friedrich Wilhelm IV., den man gern als „Romantiker auf dem Thron" bezeichnet. Er kam 1840 im Alter von 45 Jahren an die Macht, genau 100 Jahre nach der Thronbesteigung Friedrichs II., als dessen Nachfolger und Vollender seines Werks er sich sah. Das „Weinbergschloss" Sanssouci wurde nach der Thronbesteigung zu einer seiner Residenzen.

Wie sein Vorbild Friedrich der Große wollte sich auch Friedrich Wilhelm IV. als Bauherr verwirklichen. So wurde er nicht nur zum Vollender der Parkanlagen von Sanssouci, sondern auch zum Schöpfer des sogenannten „Preußischen Arkadien" – wobei die eigentlichen Schöpfer natürlich die Baumeister und Gartengestalter waren. Neben dem Areal von Charlottenhof (▸ Seite 74) und dem Ensemble mit der Friedenskirche am östlichen Rand des Parks Sanssouci gehört zu diesen Gebäuden auch das schlossartige Orangeriehaus, das westlich vom Schloss Sanssouci hoch oben auf dem Bornstedter Höhenzug thront und schon durch seine Ausmaße beeindruckt: Die streng symmetrische Anlage erstreckt sich über mehr als 300 Meter.

Was das Orangerieschloss, auch Neue Orangerie genannt, vor allem auszeichnet, sind die fast vollständig erhaltenen, kostbar ausgestatteten Innenräume, die es Besuchern ermöglichen, sich ein Bild von der königlichen Wohnkultur zur Zeit des Historismus zu machen – wenn sie denn geöffnet sind: Leider ist die Orangerie aufgrund von Sanierungsarbeiten bis voraussichtlich 2029 geschlossen.

Doch besondere kulturhistorische Bedeutung besitzt nicht nur das Gebäude selbst, sondern auch die Terrassen- und Parkanlagen, in die es eingebettet ist. Die besonders wirkungsvollen Anlagen Nordischer Garten und Sizilianischer Garten zählen zu den kostbarsten Zeugnissen der Gartenkunst in der zweiten Hälfte des 19. Jahrhunderts.

Friedrich Wilhelm IV. war nicht nur von der Antike begeistert, er schwärmte auch für die italienische Renaissance, was sich am Orangerieschloss überdeutlich ablesen lässt. Die Architektur beruht auf einer Skiz-

Der Raffael-Saal mit Kopien des großen Meisters

ze, die vermutlich noch aus seiner Kronprinzenzeit stammt und bereits wesentliche Bauelemente abbildet: die lang gestreckten Pflanzhallen, der hohe Mittelbau sowie die beiden Pavillons, die den Bau nach Westen und nach Osten abschließen. Die Realisierung dieser Pläne lag in den Händen des Hofarchitekten und Schinkel-Schülers Ludwig Persius, dem bereits die Römischen Bäder zu verdanken waren und der 1841 nach dem Tod seines Lehrers der führende Baumeister Friedrich Wilhelms IV. wurde. Persius plante also die Details, starb jedoch bereits 1845 mit nur 42 Jahren. Ihm folgten die preußischen Baubeamten Friedrich August Stüler – ein herausragender Architekt und (wenig überraschend) ein Schinkel-Schüler, dessen Pläne Bände füllen, – und Ludwig Ferdinand Hesse, der schon unter Schinkel als Bauleiter fungiert hatte. 1851 konnte mit dem Bau des Orangerieschlosses begonnen werden. Am 15. Oktober 1859, dem 64. Geburtstag des Monarchen, waren der Raffael-Saal sowie die Appartements beziehbar, allerdings konnte sich Friedrich Wilhelm IV. nicht lange an seinem Bau erfreuen, denn er starb nur 15 Monate später, im Januar 1861. Als das Gebäude weitgehend vollendet war, wurden 1860–62 die Terrassen und Gartenpartien nach Entwürfen Stülers angelegt. Am Fuß der dreistufigen Terrassenanlage befindet sich die sogenannte Jubiläumsterrasse, die erst 1913 im Auftrag von Kaiser Wilhelm II. zu dessen 25. Thronjubiläum angelegt wurde.

Nun zum Schloss selbst: Der zentralen Doppelturmanlage ist auf der zum Park hin gelegenen Südseite ein Säulenhof mit einem Portal aus drei hohen Rundbögen vorgelagert. Dieser Vorbau bildet ein Atrium, an das der Raffael-Saal anschließt. Dieser wohl beeindruckendste Innenraum beherbergt als großer Oberlichtsaal eine einzigartige Sammlung von Kopien des berühmten Renaissancemalers. Zu den Seiten des Saals befinden sich Appartements für die Majestäten. Das westliche Appartement war dem König vorbehalten: Auf das Empfangszimmer, auch Elfenbeinzimmer genannt, folgt das Arbeitszimmer. Hier sind die Wände mit rotem Seidendamast bespannt, rot sind auch die Polster der Möbel. Das Grüne Zimmer ist das königliche Schlafzimmer. Die Gestaltung der Wände sowie die Ausstattung ahmen ein Barockzimmer nach, die Sitzmöbel das friderizianische Rokoko.

Im östlichen Teil befindet sich das Appartement der Königin. Das Wohn- und Empfangszimmer ist in einem bläulichen Farbton gehalten und heißt daher auch Lapislazuli-Zimmer. Dem Salon folgt das mit rotem Seidendamast ausgeschlagene Schlaf- und Toilettenzimmer. Es ist der größte Wohnraum des Schlosses und wird auch Malachit-Zimmer genannt, denn aus dem kupfergrünen Edelstein bestehen zum Beispiel die Kaminfront, mehrere Tischplatten sowie einige Ausstattungsstücke.

Auch wenn man die Innenräume zurzeit leider nicht besichtigen kann, sollte man sich einen Besuch der Orangerie nicht entgehen lassen: Die Plastiken, Brunnen, Arkaden und Terrassen holen das Flair des Südens nach Potsdam – hier fühlt man sich tatsächlich wie in Italien! Danach bietet sich ein Besuch im Botanischen Garten an, er befindet sich direkt gegenüber.

Info

Adresse: An der Orangerie 3–5, 14469 Potsdam | spsg.de/schloesser-gaerten

Anfahrt: Bus 695 bis Orangerie/Botanischer Garten

Gastronomie: Saisonale Küche und feine Torten, allerdings nichts für den schmalen Taler, kredenzt das Restaurant & Café Drachenhaus, Maulbeerallee 4, 14469 Potsdam.

15 Schloss Lindstedt

Spukschloss mit Aussicht

Alteingesessenen Potsdamern ist Schloss Lindstedt noch als faszinierend-unheimlicher Ort bekannt, denn in den 1980er-Jahren befand sich hier das Gerichtsmedizinische Institut. Inzwischen ist es in das Gebäude direkt gegenüber umgezogen, aber etwas Geheinisvolles umweht das Anwesen noch immer.

Nördlich vom Neuen Palais erstreckte sich ein landwirtschaftliches Gut mit einem barocken Herrenhaus, das 1828 das Interesse von Kronprinz Friedrich Wilhelm weckte und für die königliche Familie erworben wurde. Natürlich wurden Gut und Gutshaus in die Planungen für ein Arkadien an der Havel einbezogen. Beim Umbau orientierte man sich wie in Charlottenhof (▸ Seite 74) am Konzept des antiken Landhauses. Friedrich Wilhelm selbst lieferte unzählige Entwürfe, und so zog sich allein die Planungsphase über Jahre hin. Beteiligt waren Ludwig Persius, Ludwig Ferdinand Hesse, Friedrich August Stüler und Ferdinand von Arnim. 1858–60 wurde schließlich unter der Leitung von Hesse gebaut. Es entstand eine spätklassizistische Anlage, die überraschend asymmetrisch ist und so einen recht dynamischen Eindruck macht. Den runden Turm des Wohngebäudes krönt ein Belvedere in Form eines Monopteros. Dank der Lage auf einer Anhöhe kann man vom Schloss aus die Kuppel des Neuen Palais sehen. Daneben gibt es einen tempelartigen Anbau mit einer hohen Freitreppe, über die man in den Garten schreiten kann. Ein Kolonnadengang verbindet den Baukörper mit der Straße.

Friedrich Wilhelm IV. soll das Schloss als Alterssitz geplant haben, aber dazu kam es nicht mehr. Vollendet wurde es erst durch seinen Bruder und Nachfolger, den späteren ersten Deutschen Kaiser Wilhelm I. Es diente Staatsbediensteten als Wohnsitz, war unter Wilhelm II. auch mal Quarantänestation bei Cholera-Epidemien und wurde dann von hochgestellten Privatpersonen bewohnt. Heute ist es eine Event-Location und nur nach Absprache zu besichtigen. Auch als Filmkulisse machte das Schloss bereits Karriere: Im Film *Resident Evil* stellte es den Eingang zu einem Geheimlabor dar.

Info

Adresse: Lindstedter Chaussee 1, 14469 Potsdam | Besichtigung nur nach Absprache mit der SPSG

Anfahrt: Bus 605, 612, 695, X5 bis Abzweig nach Eiche (mit 600 m Fußweg)

Gastronomie: Zünftige deutsche Küche gibt's im Gartenlokal am Lindstedter Tor, Amundensenstraße 60, 14469 Potsdam.

16 Marmorpalais

Friedrich Wilhelms Haus am See

Fassaden aus Backstein kontrastieren mit Verkleidungen aus schlesischem Marmor. Direkt am Ufer des Heiligen Sees gelegen, entfaltet das Marmorpalais auch beim Blick aus der Ferne über das Wasser großen Reiz. Mit diesem Schloss im Neuen Garten entwarf Friedrich Wilhelm II. sozusagen ein Anti-Sanssouci.

Im Jahr 1786 folgte Friedrich Wilhelm II. seinem kinderlosen Onkel Friedrich II. auf den preußischen Thron. Schon ein Jahr später ließ er die Arbeiten an seinem neuen Sommerpalais beginnen und auf dem über 100 Hektar großen Areal zwischen dem Westufer des Heiligen und dem Südufer des Jungfernsees in der Nördlichen Vorstadt von Potsdam den Neuen Garten anlegen. „Neu" sollte alles werden und anders als beim Alten Fritz, der in Schloss und Park Sanssouci noch seine Rokokoträume ausgelebt hatte. Mit dem frühklassizistischen Marmorpalais im Neuen Garten formulierte der Neffe Friedrich Wilhelm sozusagen ästhetisch seine Ablehnung – und das in größtmöglicher räumlicher Distanz.

Für die Gestaltung des Neuen Gartens wurde der Gärtner Johann August Eyserbeck nach Potsdam berufen, der Schöpfer des Wörlitzer Parks. Er entwarf wunschgemäß einen „sentimentalen" Landschaftspark. In bewusster Abkehr von den „französischen" Barockparks mit exakten geometrischen Formen und Symmetrien sollten die „Englischen Gärten" natürlich wirken und idyllische Ideallandschaften nachempfinden. Wichtiger als Blühpflanzen waren nun mit Absicht angelegte Sichtachsen, in die gern Staffagebauten wie Grotten, „antike" Tempel oder Eremitagen gestellt wurden – es kam auf die „malerische" Wirkung an. Aufgrund langwieriger Schwierigkeiten beim Grundstückskauf, die selbst ein preußischer Monarch nicht umgehen konnte, wurde der Neue Garten erst zwischen 1816 und 1825 von Peter Joseph Lenné zu einem einheitlichen Landschaftsbild vollendet.

Das Marmorpalais mit seinen roten Ziegelfassaden entstand von 1787 bis 1791 auf einem in den Heiligen See reichenden künstlichen Plateau. Es ist ein Spätwerk des Baumeisters Carl von Gontard und ein bedeutendes Zeugnis des preußischen Frühklassizismus. Von dem kleinen Ausguck hat man einen herrlichen Weitblick – bis hin zum Schlösschen auf der Pfaueninsel (► Seite 56). Auch das hatte Friedrich Wilhelm II. errichten lassen, und seine Position am Ende der Sichtachse vom Marmorpalais war kein Zufall. Das Marmorpalais diente dem König ebenso wie die Pfaueninsel als Sommerresidenz und privater Rückzugsort.

Der Ovale Saal von Carl Gotthard Langhans

Gontard starb 1791. Sechs Jahre später wurde das Palais durch Michael Philipp Boumann, dessen Vater Jan Boumann Potsdam das berühmte Holländische Viertel verdankt, zu der Dreiflügelanlage erweitert, die man heute kennt. Für die Kolonnaden der eingeschossigen Seitenflügel verwendete man, um Kosten zu sparen, Marmorsäulen aus dem Park von Sanssouci, die dort die Hauptallee gesäumt hatten.

Die Seitentrakte waren noch nicht vollendet, als Friedrich Wilhelm II. 1797 starb. Sein Sohn, der den Vater für seinen zügellosen Lebensstil verachtete, ließ sie nur notdürftig fertigstellen. Erst Friedrich Wilhelm IV. veranlasste ab 1843 ihren Innenausbau durch Friedrich Ludwig Persius und Ludwig Ferdinand Hesse.

Das Interieur des Hauptgebäudes schuf ab 1790 Carl Gotthard Langhans. Es berief sich auf antikes Formengut, wie es sich für den Klassizismus gehört. Viele der Marmorkamine und antiken Skulpturen wurden in Italien gekauft. Aber auch die waldreiche Umgebung Potsdams schlägt sich in der Ausstattung nieder: Die wertvollen Intarsien und die wunderbaren Holzfußböden wurden aus einheimischen Hölzern gefertigt. Die Wände sind mit feinen Seiden bespannt, eine umfangreiche Sammlung edler Keramik aus der weltberühmten Wedgwood-Manufaktur kann bestaunt werden. Die sehenswertesten Räume sind sicher das mit verschiedenfarbigem Marmor gestaltete Vestibül, der Grottensaal und der Konzertsaal.

Ab 1905 weilte hier als letzter Hohenzoller Kronprinz Wilhelm, der älteste Sohn Kaiser Wilhelms II., bevor er 1917 ins Schloss Cecilienhof umzog. Seit 1932 war das Marmorpalais Museum, Bombentreffer gegen Ende des Zweiten Weltkriegs beschädigten die rekonstruierte Innenausstattung stark. Nach Kriegsende nutzte die Rote Armee das Schloss als Offizierskasino. 1961 wurde hier das Deutsche Armeemuseum der NVA eingerichtet, später zog es nach Dresden um. Teile des Neuen Gartens wurden im Zusammenhang mit der Grenzsicherung vollkommen verwüstet, erst nach der Wende wurden Schloss und Park wiederhergestellt.

Südlich des Palais fällt eine scheinbar halb verfallene Ruine auf, in der sich das Küchengebäude befand. Die Pyramide im Park diente als Eiskeller. Eine Orangerie entstand ab 1791 südwestlich vom Schloss nach Plänen von Langhans. Das noch weiter südlich befindliche „Holländische Etablissement“ umfasst mehrere als holländisches Musterdorf angelegte Kavalier- und Dienerwohnungen mit Ställen und Remisen. Den südlichen Abschluss des heutigen Parks bildet die kleine Gotische Bibliothek, ein zweigeschossiger, achteckiger Bau mit einer Schweifhaube, der als Aussichtsturm diente.

Das Marmorpalais ist im Rahmen von Führungen zugänglich. Doch ein Spaziergang durch den Neuen Garten lohnt immer. Neben den bereits genannten lassen sich noch weitere originelle im Park verstreute Gebäude entdecken, etwa das Borkenhaus, die Eremitage, die Muschelgrotte – und natürlich das historisch bedeutende Schloss Cecilienhof (▸ Seite 88).

Info

Adresse: Im Neuen Garten 10, 14469 Potsdam | spsg.de/schloesser-gaerten

Anfahrt: Bus 603 bis Glumestraße | Tram 92, 96, div. Buslinien bis Reiterweg/Alleestraße (mit 1.000 m Fußweg) | Tram 93 bis Schiffbauergasse (mit 1.500 m Fußweg)

Gastronomie: Das Café Midi im Treffpunkt Freizeit bietet einen abwechslungsreichen Mittagstisch und leckere Kuchen: Am Neuen Garten 64, 14469 Potsdam.

17 Schloss Cecilienhof

Wo man Weltgeschichte schrieb

Das im englischen Landhausstil errichtete Schloss wurde bis 1945 vom Kronprinzenpaar bewohnt, das nicht mehr auf den Thron gelangte. 1945 fand hier die berühmte Potsdamer Konferenz statt, die für Jahrzehnte das Schicksal Europas, wenn nicht der Welt bestimmte – mit Folgen bis heute.

Das im nördlichen Teil des Neuen Gartens nahe dem Jungfernsee gelegene Schloss ist der letzte Schlossbau der Hohenzollern. Das Kronprinzenpaar Wilhelm und Cecilie von Preußen, das nicht mehr auf den Thron gelangen sollte, wohnte ab 1905 im Marmorpalais (► Seite 84), wünschte sich aber ein eigenes Domizil und beauftragte den Architekten Paul Schultze-Naumburg mit dem Entwurf eines repräsentativen Wohnsitzes. Dieser Architekt stand dem Heimatschutzstil nahe, er war auch als Kunsttheoretiker einflussreich und gehörte 1907 zu den Mitbegründern des Deutschen Werkbundes. Später driftete Schultze-Naumburg sehr weit nach rechts ab. Einige stark von der Nazi-Ideologie geprägte kunsttheoretische Schriften zeugen davon. Doch was den Architekten für das Kronzprinzenpaar so attraktiv machte, war wohl genau die von ihm propagierte Verbindung moderner Technik mit einer traditionellen Form: Im Fall von Cecilienhof diente das englische Landhaus, das Cottage, als Vorbild.

Das Schloss Cecilienhof entstand von 1913 bis 1917 als Wohnanlage mit 176 Zimmern, was jeden Besucher zunächst überrascht, weil es viel kleiner wirkt; Schulze-Naumburg gruppierte die Räume so geschickt um mehrere Innenhöfe, dass man die wahre Dimension von außen nicht wahrnimmt.

Wie auch immer man zum volkstümelnden Stil des Bauwerkes stehen mag, es beeindruckt durch seine abwechslungsreiche Außengestaltung ebenso wie durch die Ausstattung der Innenräume. Um den Eindruck eines über die Zeiten gewachsenen Landsitzes zu erzeugen, wurden Symmetrie und Regelmäßigkeit vermieden; stattdessen findet man Vor- und Rücksprünge, Zwerchhäuser und Erker – aber eben nicht an jedem Gebäudeteil –, Fachwerk aus dunkler Eiche, Naturstein und Putzflächen, profilierte Sandsteingewände und auffallend hohe Zierschornsteine, 40 an der Zahl, die ebenfalls einen großen Formenreichtum aufweisen. Auch die Gestaltung der Fenster variiert.

Bei der Sanierung des Dachstuhls und der Ziegeldeckung im Rahmen des Sonderinvestitionsprogramms Masterplan für die preußischen Schlösser und Gärten wollten die Restauratoren unbedingt den Eindruck vermeiden, auf dem Dach lägen alte und neue Ziegel nebeneinander, obwohl das natürlich so ist. Also wurden Ziegel mit Patina gebrannt, eine außerordentliche Herausforderung für die Ziegelhersteller – aber wer das Dach betrachtet, sieht nichts von der Sanierung! Die betroffene Dachfläche umfasst übrigens 6 750 Quadratmeter.

Zentrum des Schlosses bildet die große, über zwei Geschosse reichende Wohnhalle, der ein Vestibül vorgelagert ist. Von der Wohnhalle gehen die Repräsentations- und die Wohnräume des Kronprinzenpaares ab. Die Räume sind wie üblich aufgeteilt in einen Bereich für den Hausherrn mit einem Rauchsalon mit holzgetäfelter Decke, einer Bibliothek und einem Frühstückszimmer sowie in einen Bereich für die Dame des Hauses, Kronprinzessin Cecilie, mit einem Musiksalon, einem Schreibzimmer und einem wie eine Schiffskabine gestalteten Kabinett. Entworfen wurden die meisten Privaträume von Paul Ludwig Troost, der durch die Ausstattung von Passagierdampfern bekannt geworden war und später der Lieblingsarchitekt Hitlers werden sollte. Allerdings starb er bereits 1934.

Hier tagte die Potsdamer Konferenz.

Die Raumfolge vermittelt einen abwechslungsreichen, aber harmonischen Gesamteindruck, wobei die verschiedenen historischen Stilanleihen zurückhaltend vorgenommen wurden. Verwendet wurden edle Materialien in sorgfältigster handwerklicher Ausführung, ganz im Sinne der englischen Arts-and-Crafts-Bewegung, der ideellen Grundlage von Heimatschutzstil und Werkbund. Die holzgeschnitzte Treppe im Danziger Barock in der Großen Halle führt zum Obergeschoss.

Das Kronprinzenpaar bezog Cecilienhof 1917 und blieb bis 1945 dort wohnen. Als die Familie das Schloss verlassen musste, ließ sie das komplette Inventar zurück. Das gesamte bewegliche Mobiliar verbrannte am 25. Juli 1945 in der Alten Meierei, wohin es aufgrund eines weltbedeutenden Ereignisses gebracht worden war: Das Schloss sollte für die Potsdamer Konferenz umgestaltet werden.

Vom 17. Juli bis zum 2. August 1945 fand in Cecilienhof die Dreimächtekonferenz statt, an der US-Präsident Harry S. Truman, der sowjetische Parteichef Joseph Stalin und der britische Premier Winston Churchill, der zwischendurch von seinem Nachfolger Clement Attlee abgelöst wurde, sowie ihre Außenminster teilnahmen. Die Konferenz endete mit dem Potsdamer Abkommen. Das war der Beginn der Teilung Deutschlands, deren Folgen bis zum Mauerfall auch an diesem Ort und seiner Umgebung zu spüren waren. Seitdem blüht auch auf der Rasenfläche im Ehrenhof ein fünfzackiger Sowjetstern aus roten Blumen. Heute widmet sich eine Dauerausstellung diesem Kapitel der deutschen, aber nicht minder auch der Weltgeschichte.

Ab dem 1. November 2024 wird das Schloss leider wegen Sanierungsarbeiten bis auf Weiteres geschlossen.

Info

Adresse: Im Neuen Garten 1, 14469 Potsdam | spsg.de/schloesser-gaerten

Anfahrt: Bus 603 bis Cecilienhof

Gastronomie: Eis, Würstchen und ein paar Snacks unter freiem Himmel im Schlosshof gibt's beim Kiosk Café Cecilie, Im Neuen Garten 11, 14469 Potsdam. | Mit idyllischem Biergarten am Wasser und Bier aus eigener Herstellung lockt die Meierei im Neuen Garten, Im Neuen Garten 10, 14469 Potsdam.

18 Schloss Babelsberg

Eine Ritterburg für den Kronprinzen

Was aussieht wie ein mittelalterliches englisches Castle war zur Zeit seiner Errichtung ein sozusagen hochmodisches Gebäude. Karl Friedrich Schinkel schuf das Schloss mit traumhaftem Blick über die Havel im sogenannten Tudorstil, der die englische Gotik nachahmt. So romantisch!

Das Schloss und der Park von Babelsberg gehören zu den romantischsten Anlagen der Potsdamer Schloss- und Gartenlandschaft. Das Schloss entstand ab 1833 als Sommersitz für den Prinzen Wilhelm und seine Gemahlin Augusta von Sachsen-Weimar. Der 1797 geborene Wilhelm war der zweitgeborene Sohn von Friedrich Wilhelm III. und Königin Luise, und wegen dieses Ranges in der Geburtenliste wurde er auf herrscherliche Aufgaben gar nicht vorbereitet. Es war die Kinderlosigkeit seines älteren Bruders Friedrich Wilhelm IV, die ihn schließlich zum Thronfolger machte – und sogar mehr als das: 1871 wurde er in Versailles als Wilhelm I. zum ersten Deutschen Kaiser des neuen Kaiserreichs gekrönt (ein altes Reich mit deutschen Kaisern hatte es ja bis 1806 gegeben).

Als mit den Bauten in Babelsberg begonnen wurde, war eine solche Karriere nicht abzusehen – und von Prinz Wilhelm wahrscheinlich auch gar nicht gewünscht. Was er aber anstrebte, war, ebenso wie seine Brüder Carl (Schloss Glienicke ▸ Seite 50) und Friedrich Wilhelm (Charlottenhof ▸ Seite 74) sich ein eigenes Schloss zu errichten. So erteilte ihm der Vater die Genehmigung, sich auf dem Hügel namens Babelsberg eins zu bauen. Und Wilhelm beauftragte Karl Friedrich Schinkel mit der Planung eines Schlosses im Tudorstil, der englischen Neugotik. Babelsberg ist der erste neugotische Schlossbau auf dem Kontinent.

Schinkel schuf eine asymmetrische Anlage, die an eine Burg erinnert, obwohl ihr natürlich jegliche fortifikatorische Funktion abgeht – es war halt Mode. In den Jahren 1834/35 wurde der Bau von Schinkels Schüler Ludwig Persius geleitet, ein Erweiterungsbau entstand 1844–49 ebenfalls durch Persius und, nach dessen frühem Tod 1845, durch Johann Heinrich Strack, einen weiteren Vertreter der Schinkelschule.

Der Bau auf annähernd L-förmigem Grundriss besteht aus mehreren locker gruppierten Baukörpern, die durch Zwischenelemente verbunden sind. Auch der große Oktogonturm mit dem Tanzsaal dient so als eine Art architektonisches Scharnier: An ihn schließen sich jeweils die Wohntrakte an. Nach Süden hin gibt es einen weiteren Oktogonturm, der im Erdgeschoss die

Neogotische Architektur im Tanzsaal

Appartements Augustas beherbergte, im Obergeschoss den Teesalon und das Arbeitszimmer Wilhelms, darüber hinaus weitere Wohnräume seiner Gattin. Westlich des großen Oktogons liegen der geräumige Speisesaal und weitere Wohnbereiche. Diesen Flügel schließt der sogenannte Dicke Turm ab.

Wie bei gotischen Bauwerken üblich, befinden sich am Außenbau jede Menge Altane und kleine Balkone. Bekrönende Zinnen, Fialen und Spitztürmchen vollenden die gotische Anmutung. Von der Terrasse des Schlosses hat man einen fantastischen Ausblick auf die Landschaft des „Preußischen Arkadien", insbesondere auf die Glienicker Brücke und den Jungfernsee bis ans andere Ufer hinüber zur Heilandskirche in Sacrow.

Mehr als 50 Jahre diente Babelsberg dem späteren Königs- und Kaiserpaar als Sommerresidenz. Im September 1862 fand hier wegen des sich zuspitzenden Verfassungskonflikts in Preußen jenes entscheidende Gespräch zwischen König Wilhelm I. und Otto von Bismarck statt, in dessen Verlauf Bismarck zum preußischen Ministerpräsidenten ernannt wurde – ein Wendepunkt der deutschen Geschichte.

Nach dem Tod des Kaiserpaares Wilhelm (1888) und Augusta (1890) stand Schloss Babelsberg allen Besuchern offen, die einen kleinen Obolus zu entrichten bereit waren. Da die Besitzverhältnisse unklar waren, wurden Schloss und Park Babelsberg erst 1927 in die Verwaltung der Staatlichen Schlösser und Gärten Preußens überführt. Das Schloss wurde zum Museum.

Nach Ende des Zweiten Weltkriegs erlebte es diverse Zwischennutzungen – bis schließlich 1963 ein Museum für Ur- und Frühgeschichte hier eingerichtet wurde. Das Schloss lag mittlerweile direkt neben dem Grenzgebiet zu West-Berlin; Teile des Parks zur Havel hin waren unzugänglich und wüst. Nach der Wende erfolgte dann zunächst eine Hüllensanierung und eine Sanierung der Parkanlagen.

Heute kann Schloss Babelsberg nur im Rahmen von Sonderführungen besichtigt werden. Doch auch für einen Spaziergang im Schlosspark lohnt sich der Besuch. Das Werk der berühmten Gartenarchitekten Lenné und Fürst von Pückler-Muskau zählt wohl zu den schönsten Parkanlagen weit und breit und strahlt zu jeder Jahreszeit eine besondere Atmosphäre aus. Viele Funktions- und Staffagebauten sind über den Park verstreut. Besonders auffällig ist am Ufer der Havel das nach Plänen von Persius errichtete, als normannische Burg verkleidete Dampfmaschinenhaus. Die DDR-Grenzer wollten es abreißen für ein freies Schussfeld, und weil sich dort möglicherweise „Republikflüchtlinge" versteckt halten könnten. Außerdem gibt es das Kleine Schloss – ein umgebautes Gärtnerhaus – und die Hofgärtnerei, das Matrosen- und das Kutscherhaus, mehrere Pförtnerhäuser und den alles überragenden Flatowturm. Auf einer Anhöhe steht die Berliner Gerichtslaube, deren Kern aus dem Jahr 1270 stammt und die nach dem Abriss des alten Berliner Rathauses 1871 gerettet und nach Babelsberg versetzt wurde.

Info

Adresse: Park Babelsberg 10, 14482 Potsdam | spsg.de/schloesser-gaerten

Anfahrt: Bus 616 bis Schloss Babelsberg | Tram 94, 99 bis Humboldtring/Nuthestraße (mit 2 km Fußweg durch den Park Babelsberg)

Gastronomie: Kaffee, Kuchen, Salat, Bratwurst – alles bei schönster Aussicht: Kioskbetrieb Kaffeegarten direkt am Schloss Babelsberg | Idyllisches Café mit Eis aus eigener Herstellung und Biergarten direkt am Wasser: Wartmanns Café, Waldmüllerstraße 8, 14482 Potsdam

Havelland und Fläming

19 Schloss Paretz

Der Traum vom ländlichen Leben

In Paretz schufen sich der preußische König Friedrich Wilhelm III. und seine Frau, die beliebte und berühmte Königin Luise, ein künstliches ländliches Refugium. Man betrieb Landwirtschaft, und die große Politik war scheinbar weit weg. Aber auch dieser Wein enthielt Wermut.

Es ist schon eine Crux mit den Kurfürsten und Königen von Preußen: Entweder heißen sie Friedrich oder Wilhelm oder Friedrich Wilhelm, und das nicht immer im Wechsel. Auf den kinderlosen Friedrich II. folgte sein Neffe Friedrich Wilhelm II., dessen Sohn und Thronfolger auch wieder ein Friedrich Wilhelm war. Er heiratete die Prinzessin Luise von Mecklenburg-Strelitz, eine junge, lebhafte Frau, die wegen ihres Temperaments schon als Kind „Jungfer Husch“ oder „unsere tolle Luise“ genannt wurde. Die später so beliebte Königin Luise scherte sich wenig um höfische Etikette, was sie beim Volk sehr populär machte, während der Hof die Nase rümpfte. Auch ihr Gatte, der 1797 als Friedrich Wilhelm III. den Thron bestieg und immerhin 43 Jahre regierte, gab sich eher bürgerlich. Die sittenlosen Verhältnisse, die er am Hof seines Vaters beobachtet hatte, verabscheute er. Das Kronprinzenpaar hegte vielmehr – typisch für die Epoche der Romantik – den Traum von einer ländlichen Existenz im Einklang mit der Natur.

Ein geeignetes Refugium fand sich schließlich in der Havelniederung etwa 40 Kilometer von Berlin entfernt. In dem ursprünglich slawischen Fischerdorf Paretz – der Ortsname geht auf das slawische „po reka“ zurück, was so viel wie „am Fluss“ oder „am Sumpf“ bedeutet – gab es eine adlige Gutsherrschaft, bei der wie so oft die Herrschaften immer mal wechselten. Man betrieb Landwirtschaft, und die große Politik war weit weg. 1797, kurz vor dem Tod des Vaters, erwarb Kronprinz Friedrich Wilhelm das Gut für 85.000 Preußische Taler. Schon im September verbrachte das Paar hier einige glückliche Wochen, doch dann starb der alte König, und Friedrich Wilhelm musste nach Berlin zum Regieren. Die Liebesleute verließen gezwungenermaßen die Idylle, kehrten aber bis 1805 alljährlich in den Sommermonaten zurück.

Der seinerzeit höchst angesehene Architekt David Gilly hatte den Auftrag erhalten, in Paretz ein schlichtes Landschloss zu errichten. Mit dem Bau wurde 1797 begonnen, ein Jahr später war bereits die Inneneinrichtung vollendet. Das 60 Meter lange Gebäude mit einem Haupt- und einem Mezzaningeschoss wurde sehr zurückhaltend akzentuiert durch Mittelrisalite mit Bogenfenstern und eine dezente Farbgestaltung, die von hellem Gelb zu Ocker spielt. Die Zeitgenossen gaben dem Bau schon bald den Namen „Schloss Still-im-Land“. Friedrich Wilhelm und Luise sowie später ihre Kinder verbrachten in Paretz sehr glückliche Stunden. Sie genossen es, wenigstens im Sommer fern vom Hof und seiner Etikette ein beschauliches Leben führen zu können.

Rund um das Schloss wurde von David Gilly ein Musterdorf angelegt, von dem bis heute noch einiges zu finden, zumindest zu erahnen ist. Die alten Bauernhäuser riss man ab, dafür wurden zehn neue, einheitlich gestaltete Bauernhöfe errichtet. Einige der Drei- und Vierseithöfe sind noch vorhanden, dazu Funktionsbauten wie das Amtshaus, die Mehlwaage und das Spritzenhaus sowie die beiden den östlichen Ortseingang markierenden Torhäuser, die allerdings keine Wachen beherbergten, sondern den Schafstall und die Wohnung des Schäfers. Hervorzuheben ist das Gotische Haus, das 1803 nach englischem Vorbild als Staffagebau im nordöstlichen Teil des Parks errichtet wurde und als Dorfschmiede diente. Seit 1910 befindet sich hier eine Gaststätte.

Natürlich brauchte das Dorf auch eine passende Kirche. Den bestehenden gotischen Feldsteinsaal ergänzte man 1797/98 durch ein Querschiff und einen quadratischen Westturm, sodass ein neugotisches Bauwerk entstand, das mit dem Gotischen Haus korrespondierte. Auch farblich wurde die Kirche angepasst, sollte das Musterdorf doch wie aus einem Guss erscheinen.

1810 starb Königin Luise. Ihr Tod war ein schwerer Schlag für Friedrich Wilhelm III., und zunächst mied er Paretz. Erst nach fünf Jahren nahm er die Gewohnheit wieder auf, die

Sommer auf dem Landsitz an der Havel zu verbringen, und bis 1839 – ein Jahr vor seinem Tod – blieb er dabei.

Die Nutzung des Schlosses in der DDR als Hochschule und als Verwaltungssitz zog Umbauten nach sich, die man nur als entstellend bezeichnen kann. Erst spät, als die Verluste kaum noch auszugleichen waren, griff die Denkmalpflege ein.

Die berühmten Paretzer Papiertapeten

Inzwischen gehören Schloss und Park der Stiftung Preußische Schlösser und Gärten, die sich um Erhalt und Nutzung bemüht. So kann man heute im Schloss die königlichen Wohnräume mit den berühmten bemalten oder gedruckten Paretzer Tapeten mit Landschafts-, Tier- und Pflanzenmotiven bewundern. Die in neuem Verfahren gestalteten Papiertapeten waren im ausgehenden 18. Jahrhundert der letzte Schrei. In der Remise gibt es noch eine kunsthistorisch bedeutsame Sammlung sehenswerte Kutschen, Schlitten und Sänften zu bewundern, und zum Abschluss bietet sich ein Spaziergang durch den idyllischen Park an, der nach und nach rekonstruiert wird.

Info

Adresse: Parkring, 14669 Ketzin OT Paretz | spsg.de/schloesser-gaerten

Anfahrt: Bus 614, 642, 658 bis Paretz, Schloss

Gastronomie: Gute, deftige regionale Küche, Wildgerichte, aber auch Kaffee und Kuchen: Gotisches Haus, Parkring 21, 14669 Ketzin OT Paretz

20 Schloss Caputh

Fontane nannte es Schlösschen

Das kleine Schloss am Templiner See ist das älteste erhaltene Lustschloss des Großen Kurfürsten. Es sah Kriege und rauschende Feste, königliche Gäste, aber auch Fotografen und Blumenbinder. Und es beherbergt eine kostbare Besonderheit: den Fliesensaal.

Direkt am Südufer des Templiner Sees liegt malerisch das hübsche Barockschlösschen Caputh. In der Saison bietet sich die Anreise mit dem Schiff von Potsdam an, denn der Schiffsanleger befindet sich direkt beim Schlosspark. Nach der Schlossbesichtigung lohnen sich ein Abstecher in den kleinen Ort und ein Bummel entlang der Uferpromenade.

Das Schloss selbst ist nicht sehr groß, und der viel gereiste Kenner der Mark, Theodor Fontane, hat sich eine Anmerkung nicht verkneifen können: „Das Herrenhaus führt den Namen ‚Schloss', und trotz bescheidener Dimensionen immer noch mit einem gewissen Recht, wenigstens seiner inneren Einrichtung nach. Man geht in der Mark etwas verschwenderisch mit diesem Namen um und hilft sich nötigenfalls [...] durch das Diminutiv: Schlösschen." Die erwähnte pompöse Einrichtung, wie Fontane sie sah, ist leider nicht mehr erhalten. Dennoch ist die Ausstattung immer noch kostbar und die muesalen Räume sehr sehenswert.

Das Schloss in Caputh ist das älteste erhaltene Lustschloss aus der Zeit des Großen Kurfürsten Friedrich Wilhelm. 1640 gelangte er als Zwanzigjähriger an die Regentschaft, wie merkwürdigerweise noch zwei weitere Hohenzollern im Jahre '40 den Thron bestiegen, nämlich 1740 Friedrich II. und 1840 Friedrich Wilhelm IV.

Caputh war lange Zeit ein Rittersitz der märkischen Adelsfamilie von Rochow gewesen. Ein Rochow aus dem Hause Reckahn – auch dort gibt es ein Schloss genanntes Herrenhaus! – ging sogar als Bildungsreformer in die Geschichte ein. Die Rochow auf Caputh jedenfalls mussten oder wollten verkaufen und fanden 1594 in der Kurfürstin Katharina, der Urgroßmutter des Großen Kurfürsten, eine Käuferin. Sie ließ sich hier einen Sommersitz erbauen, der jedoch im Dreißigjährigen Krieg weitgehend zerstört wurde. Der Urenkel hatte zunächst keine Verwendung für das ruinöse Gut und schenkte es 1662 „mit allen Weinbergen, Schäfereien und Karpfenteichen" seinem Kammerjunker und Generalquartiermeister Philip de Chiese. Dazu Fontane: „Er konnte es in keine besseren Hände geben. Das in Trümmern liegende Schloss – mutmaßlich ein spätgotischer Bau – wurde in modernem Stile

wieder aufgebaut ...“ Moderner Stil meint in diesem Fall: Barock. Es entstand ein neunachsiger Neubau auf rechteckigem Grundriss mit Souterrain und Hauptgeschoss, wie er im Kern bis heute existiert, allerdings erfolgten noch einige Veränderungen.

Schon 1671 erwarb der Große Kurfürst den Besitz zurück und überließ ihn seiner zweiten Ehefrau, der Kurfürstin Dorothea Sophie von Schleswig-Holstein-Sonderburg-Glücksburg. Sie ließ das nunmehr wieder landesherrliche Schloss neu ausstatten und ausbauen: Dem Bau wurden eine Attika hinzugefügt sowie auf der Hofseite quadratische Eckpavillons.

Unter dem Kurfürsten Friedrich III., der nach seiner Krönung in Königsberg als Friedrich I. König in Preußen war, erlebte das Schloss rauschende Feste. 1709 lud der Preußenkönig seine „Amtsbrüder“ Friedrich August I. von Sachsen („August der Starke“) und Friedrich IV. von Dänemark und Norwegen nach Caputh („Dreikönigstreffen“). Die beiden Gäste wollten ihn zur Teilnahme am Großen Nordischen Krieg gewinnen. Das gelang ihnen zwar nicht, dafür wurde ausgiebig gefeiert.

Der sonst so sparsame Friedrich Wilhelm I., der von seinem Vater enorme Schulden geerbt hatte, ließ sich in Bezug auf Caputh nicht lumpen: Ihm verdankt das Schloss den Sommerspeisesaal und seine beeindruckende Ausschmückung mit zirka 7.500 niederländischen Fayence-Fliesen, also mit dem Pinsel aufwendig bemalte Keramik.

1820 wurde das Schloss von der Krone in private Hand verkauft, 1908/09 wurde es um den neobarocken Westflügel erweitert. Ab 1947 beherbergte es eine Berufsschule für Fotografen und Blumenbinder. Von 1995 bis 1999 wurde es gründlich restauriert, seitdem kann es wieder von der interessierten Öffentlichkeit besichtigt werden.

Im Inneren ist besonders der Fliesensaal sehenswert, ihm schließen sich im östlichen Teil die Räume des Kurfürsten und im westlichen Teil die vier Schlaf- und Wohnräume und zwei Kabinette der Kurfürstin an. Die Ausstattung wurde im Wesentlichen rekonstruiert, sie gibt einen guten Einblick in die Wohnkultur der damaligen Zeit. Beachtenswert sind das Porzellankabinett, die verschiedenen Wand- und Plafondgemälde sowie die Gemäldesammlung. Malerisch ist der kleine, feine, auf einen Plan von Lenné zurückgehende Landschaftsgarten mit seinem Altbaumbestand und einem herrlichen Blick auf den Templiner See.

Im Örtchen Caputh mit knapp 5.000 Einwohnern gibt es auch noch anderes zu entdecken: Dem Schloss gegenüber befindet sich die Dorfkirche in Form einer dreischiffigen Pfeilerbasilika im Rundbogenstil, die 1850–52 nach Entwürfen von Friedrich August Stüler errichtet wurde. Und wenn man schon einmal da ist, lohnt auch ein Abstecher zu Albert Einsteins Sommerhaus. Der von Konrad Wachsmann, einem bedeutenden Architekten der Moderne, errichtete Bau liegt keine 20 Gehminuten vom Schlösschen entfernt.

Info

Adresse: Straße der Einheit 2, 14548 Schwielowsee OT Caputh | spsg.de/schloesser-gaerten

Anfahrt: Bus 607 bis Caputh, Schloss | RB33 bis Caputh-Schwielowsee (mit 1.700 m Fußweg)

Gastronomie: Im Logierhaus des Schlosses befinden sich Kasse, Laden und Tourismusinfo, es gibt auch Kaffee und Kuchen. | Leckeren Kuchen gibts im kleinen Café Havelerie, Straße der Einheit 52. | Gut isst man im traditionsreichen Gasthaus Fährhaus Caputh, Straße der Einheit 88, 14548 Schwielowsee OT Caputh.

21 Schloss Wiepersdorf

Das Schloss der Dichterinnen und Dichter

Im Ländchen Bärwalde liegt ein Herrenhaus, das die Bezeichnung Musenhof zu Recht trägt, seit Achim von Arnim und seine Frau Bettina es bezogen. Seither haben hier immer wieder Künstler und Schriftsteller gewohnt – bis heute, jetzt allerdings als Stipendiatinnen und Stipendiaten.

Mitunter kommt einem der Gedanke: Je kleiner ein Ding, desto mehr Namen hat es. Jedenfalls trifft das zu für das Ländchen oder Ländeken Bärwalde, auch Bärwaldisches oder Bärwalder Ländchen genannt, öfter noch Herrschaft Wiepersdorf oder Bärwalde-Wiepersdorf. Vielleicht diente die Namensvielfalt der aus sieben Ortschaften bestehenden Adelsherrschaft der Versicherung der eigenen Identität, war man doch bis zum Wiener Kongress 1815 eine kurfürstlich-brandenburgische Enklave im damals vorwiegend zum Kurfürstentum, ab 1806 zum Königreich Sachsen gehörenden südlichen Fläming. Eine der sieben Ortschaften des Ländchens war Wiepersdorf mit seinem Rittergut. Es errang einen Platz in der Literaturgeschichte durch das Dichterpaar Achim von Arnim und seine Frau Bettina, eine geborene Brentano, die seit 1814 hier lebten.

Der Ort und das Gut mit seinem – auch Schloss genannten – Herrenhaus haben eine längere Vorgeschichte. Zunächst gab es hier ein sogenanntes Festes Haus, also ein mehr oder minder wehrhaftes Bauwerk mit dicken Mauern, dessen Funktion dem Wohnturm einer Burg nahekam: Es diente also neben Wohn- und Repräsentationszwecken auch dem Schutz oder der Verteidigung.

Um 1735 entstand das Schloss Wiepersdorf als schlichter zweigeschossiger Putzbau mit einem Mansardwalmdach unter seinem damaligen Besitzer Gottfried Emanuel von Einsiedel. Im Zweiten Schlesischen Krieg fiel der Königlich Preußische Generalleutnant in Ungnade. Einsiedel wurde vor ein Kriegsgericht gestellt, kam jedoch glimpflich davon. Nur ein Jahr später starb er und wurde in Wiepersdorf beigesetzt. Seitdem wollte das Gerücht nicht verstummen, Friedrich II. hätte ihn heimlich enthaupten lassen. Friedrich Wilhelm IV. mochte das nicht mehr hören, also schritt er zur Tat: 1857 wurde der alte Einsiedel exhumiert. Dem Kirchendiener fiel die Aufgabe zu, den Schädel anzuheben, und siehe da, er war mit dem ganzen Körper verbunden. Also keine heimliche Hinrichtung, kein Fememord.

1780 kaufte der hoch verschuldete Joachim Erdmann von Arnim das Ländeken. Mit 36 Jahren hatte er die 19-jährige Amalie Caroline von

Labes geheiratet und mit der jungen Frau eine Familie mit Geld; es war seine Schwiegermutter, die den Kaufpreis von nunmehr 98.000 Talern aufbrachte. So kam Wiepersdorf in Arnim'schen Besitz, die beiden eingeschossigen Flügel am Herrenhaus verdanken sich Joachim Erdmann. Als er 1804 starb, fiel der Besitz an die vorausschauende Schwiegermutter zurück. Sie gründete eine Stiftung und verfügte, erst ihr erster Urenkel solle der neue Herr von Bärwalde werden. Da strengten sich die beiden Söhne Erdmanns mächtig an, schnell einen Sohn in die Welt zu setzen. Den Wettstreit gewann Achim: 1811 ehelichte er Bettina von Brentano, und schon 14 Monate später erblickte Johann Freimund das Licht der Welt.

Dessen Sohn wiederum, der Historienmaler Achim von Arnim, ließ 1884 beide Schauseiten des Schlosses verändern: An der Gartenseite wurde ein dreiachsiger und mit einem Giebel versehener Risalit sowie ein von Säulen getragener Balkon angebaut, zugleich die Freitreppe an der Hofseite geschaffen, der Nordflügel wurde zum Atelier ausgebaut, im Südosten ein schräger Flügel angesetzt. Der exzentrische Künstler malte an die Decke seines Ateliers den Spruch „Die Künstler sind die Ersten – im Narrenschiff". Er

reiste viel herum und erwarb für Wiepersdorf Statuen, Steinvasen und andere Gegenstände, die heute noch den Park zieren. Denn selbstverständlich gibt es einen Schlosspark! Auch hier griff Achim von Arnim ein: Den bestehenden Landschaftsgarten ließ er umgestalten, das Parterre in eine neubarocke Anlage mit italienischen Sandsteinskulpturen verwandeln. Westlich daran schließt sich der Pleasureground an. Auch die halbrunde neobarocke Orangerie wurde um 1880 erbaut.

Das Schloss Wiepersdorf und seine Nebengebäude hatten in der DDR-Zeit einen gewissen Bekanntheitsgrad, nachdem sie 1980 nach umfangreicher Restaurierung als „Arbeits- und Erholungsstätte für Schriftsteller und Künstler Bettina von Arnim" eröffnet worden waren. Inzwischen wohnen und arbeiten hier Stipendiatinnen und Stipendiaten der Kulturstiftung Schloss Wiepersdorf, deren Privatsphäre zu respektieren ist.

Fünf Räume des Schlosses können dennoch besucht werden: Sie dienen als Museum und beleuchten die wechselhafte Nutzungsgeschichte des Anwesens. In der schmucken Orangerie ist ein Café untergebracht (leider selten geöffnet), der Schlosspark lädt zum Spaziergang ein.

Info

Adresse: Bettina-von-Arnim-Straße 13, 14913 Niederer Fläming OT Wiepersdorf | schloss-wiepersdorf.de

Anfahrt: RB33, RE3, RE4 bis Jüterbog, dann Bus 754 bis Wiepersdorf, Bettina-von-Arnim-Straße

Gastronomie: Für Wiepersdorf gilt Rucksackverpflegung! Das Café in der Orangerie ist nur sonntags 13–17 Uhr geöffnet, und das nur in den Sommermonaten.

22 Schloss Wiesenburg

Prachtschloss mit Riesenpark

Das Neorenaissanceschloss erhebt sich über einer der schönsten Parkanlagen der Mark. Vom Frühjahr bis in den späten Herbst hinein grünt und blüht es, und der Blick darf in die Ferne schweifen. Kunst gibt es hier auch.

Mitten im Naturpark Hoher Fläming, im Ort Wiesenburg/Mark, liegt Schloss Wiesenburg malerisch auf einer Anhöhe. Von dort hat man einen weiten Blick über den wunderschönen Schlosspark und seine Teichlandschaft. Um die Mitte des 19. Jahrhunderts angelegt, gilt er heute als bedeutendes Gartendenkmal.

Eine Burganlage ist an dieser Stelle bereits für 1161 urkundlich belegt. Archäologische Funde von slawischen und frühdeutschen Scherben lassen aber auf eine noch frühere Besiedlung schließen. Um das erzbischöflich-magdeburgische Lehen wurde lange zwischen Magdeburg und Brandenburg gestritten, und wie oft bei einem solchen Streit freute sich der Dritte: Wiesenburg wurde 1356 kursächsisch. 1456 gelangte der Besitz an eine Familie Brand von Lindau, ein altes sächsisches Adelsgeschlecht, das „Schloß und Städtlein mit allem Rechte“ bis 1755 innehatte. Danach ging der Besitz durch Heirat und Erbe an die Familie von Watzdorf über.

Die ursprüngliche Burganlage aus dem 12. Jahrhundert hatte einen unregelmäßig polygonalen Grundriss. Sie brannte 1547 ab und es folgten diverse Neubauten, Zerstörungen und Wiederaufbauten, doch Reste des Burggrabens, der Bergfried, das Torhaus sowie Teile einer überbauten Ringmauer sind bis heute erhalten. Und auch in der auffällig unregelmäßigen Gestalt des zweigeschossigen Gebäudes ist immer noch die alte Burg spürbar.

Der heutige Bau entstand im Wesentlichen im Jahr 1863, nachdem der Bergfried durch Blitzschlag beschädigt worden war. Der Rittergutsbesitzer und Reichstagsabgeordnete Curt Friedrich Ernst von Watzdorf beauftragte damals Oskar Mothes, einen Schüler von Gottfried Semper, die vorhandene Bausubstanz zu überformen und dabei einen Schlossbau aus einem Guss im Stil der Neorenaissance zu schaffen – und der steht heute noch!

Erneuert wurde dabei auch das Torhaus, das man über eine Brücke erreicht. Der Bergfried erhielt eine Krone. Das Vorschloss, im Kern aus dem Jahr 1682, wurde restauriert und mit reich gestalteten Neorenaissancegiebeln versehen. Es besteht aus zwei Gebäudeteilen, einem langen L-förmigen und einen kurzen rechtwinkligen, zwischen denen das Schlosstor eingespannt ist. Wegen der kleinen Ritterfigur mit Lanze und Schild, die das Tor bekrönt, wird es auch Männekentor genannt. Mit Baujahr 1574 gehört es zu den Bauteilen, die noch aus der Zeit vor der historistischen Umgestaltung stammen.

Das eigentliche Schlossgebäude umschließt fast vollständig einen Innenhof in Form eines unregelmäßigen Fünfecks. Weder Hof noch Schloss können betreten werden, hier befinden sich Wohnungen, Büros und Ateliers in Privatbesitz. Aber im Torhaus informiert eine kleine Ausstellung über die Geschichte des Schlosses, und man kann auf den Bergfried steigen und den Rundum-Blick auf das Umland Wiesenburgs genießen. Im Vorschloss befindet sich die Touristinformation.

Öffentlich zugänglich ist hingegen der Schlosspark, der sich an die südliche Schauseite des Schlosses anschließt. Der 110 Hektar große Landschaftsgarten entstand auf dem Gebiet des ehemaligen Wildgeheges und erhielt seine heutige Gestalt im Wesentlichen um die Mitte des 19. Jahrhunderts auf Veranlassung jenes Curt Friedrich Ernst von Watzdorf, der auch den Schlossumbau in Auftrag gegeben hatte.

Direkt an die Schlossterrasse grenzt ein über mehrere Stufen angelegtes Teppichbeetparterre. Die vielen Blühpflanzen leuchten vom Frühjahr bis zum Herbst in verschiedenen Farben. Am östlichen Rand der Terrassenanlage befindet sich eine Feldsteingrotte. Seinen besonderen Charakter erhält der ausgedehnte Park durch seine Einbettung in die natürliche Landschaft des Fläming, durch die langen Sichtachsen

und vor allem auch durch die seltenen Gehölze: Vor allem Nadelbäume aus Westeuropa, Amerika, Japan und China bestimmen maßgeblich sein heutiges Aussehen. Zum Bild des Landschaftsgartens – denn ein solcher ist der Park eigentlich – gehört auch der Schlossteich, auf dem sich Schwäne und andere Wasservögel tummeln. Das Familiengrab der von Watzdorfs befindet sich am Rand des Parkgeländes, rund 20 Gehminuten vom Schloss entfernt.

Durch den Landschaftspark hindurch führt auch der Kunstwanderweg zwischen Wiesenburg und Bad Belzig: 28 Kunstobjekte am Wegesrand möchten hier auf insgesamt 37 Kilometern Länge entdeckt werden. Und noch eine Route führt nach Wiesenburg: Wegen der Relikte mittelalterlicher Bausubstanz am Bergfried und am Torhaus, in erster Linie aber wegen der architektonisch bedeutenden Stadtpfarrkirche Sankt Marien liegt Wiesenburg an der „Südwestlichen Route der Romanik in Berlin und Brandenburg“, die von der Nikolaikirche in Berlin bis zum Kloster Lehnin führt. Viele Wege führen also nach Wiesenburg!

Info

Adresse: Schlossstraße 1A, 14827 Wiesenburg

Anfahrt: RE7 bis Wiesenburg Bahnhof, dann Bus 555, 572, 588 bis Wiesenburg, Ortsmitte

Gastronomie: Italienische Gastronomie im Ambiente eines alten Hofgebäudes mit blanken Balken bietet die Trattoria da Dino, Schlossstraße 2A, 14827 Wiesenburg. | Für Kaffeespezialitäten und selbst gebackenen Kuchen – aber bitte mit Sahne – besucht man Simones Café, Schlossstraße 1, 14827 Wiesenburg.

Von der
Prignitz
bis zur
Uckermark

23 Schloss Wolfshagen

In der guten Stube des märkischen Landadels

Der Ort verdankt seine Existenz der aus der Altmark stammenden Familie Gans Edle Herren zu Putlitz, die hier bereits im 12. Jahrhundert eine Wasserburg errichteten. Heute zeigt eine interessante Ausstellung mit originalen Einrichtungsgegenständen, wie man früher in märkischen Gutshäusern wohnte.

Das kleine Dorf Wolfshagen mit seinem als Schloss bezeichneten Gutshaus liegt wie Meyenburg (▸ Seite 118) an der Stepenitz, die übrigens als einer der saubersten Flüsse Deutschlands gilt. Von der alten Wasserburg aus dem 12. Jahrhundert sind nur noch Gewölbe erhalten, auf denen drei repräsentative Renaissancebauten entstanden, die nach dem Dreißigjährigen Krieg verfielen. Die heutige barocke Zweiflügelanlage entstand 1787. Die später leicht überformte Fassade wurde bei der Restaurierung 2000 wieder in den Zustand des 18. Jahrhunderts versetzt.

1945 wurde das Schloss geplündert. Von 1952 bis 1998 herrschte hier Schulbetrieb, seitdem kümmert sich ein Förderverein um das sanierte Schloss. In den sehenswerten musealen Innenräumen herrscht die Atmosphäre eines märkischen Gutshauses. Viele authentische Ausstattungsstücke wie Möbel, Textilien, Ahnenbilder und Porzellan vermitteln einen anschaulichen Eindruck davon, wie der märkische Landadel einst lebte. Dazu kommt eine Sammlung von unterglasurblau gemaltem Porzellan.

Bedeutend waren auch die Wirtschaftsgebäude des Gutes, die jetzt in schlechtem Zustand sind. Von dem Landschaftspark, von Peter Joseph Lenné in den 1850er-Jahren entworfen, ist leider nicht mehr viel übrig, doch die verbliebenen Flächen südlich des Schlosses wurden in den 1990er-Jahren rekonstruiert. – Wer noch Lust auf einen ausgedehnten Spaziergang hat, erreicht rund vier Kilometer entfernt das „Königsgrab von Seddin“ beim gleichnamigen Dorf, einen bronzezeitlichen Grabhügel aus dem 9. Jahrhundert v. Chr. von einiger archäologischer Bedeutung.

Info

Adresse: Putlitzer Straße 16, 16928 Groß Pankow OT Wolfshagen | schlossmuseum-wolfshagen.com

Anfahrt: RE6 bis Groß Pankow, dann Bus 920 bis Wolfshagen, Schloss

Gastronomie: Gutbürgerliche Küche mit regionalen Produkten, auch Fisch bietet das Hotelrestaurant Am Schloss Wolfshagen, Pankower Weg 9a, 16928 Groß Pankow OT Wolfshagen. | Bei schönem Wetter: Kaffee und Kuchen im Freien im Hofladen-Café Groß Pankow im Nachbarort, Pankeweg 4e, 16928 Groß Pankow

24 Schloss Meyenburg

Rasante Roben hinter Renaissancefassaden

In der kleinen Stadt Meyenburg finden sich überraschend viele Baudenkmäler, die einen Ausflug lohnen. Das aus einer Burg hervorgegangene Schloss gehört dazu. Heute beherbergt es unter anderem ein hochinteressantes Modemuseum.

Die kleine Stadt Meyenburg liegt im Norden der Prignitz an der Grenze zu Mecklenburg in einer wasserreichen Gegend: Im Norden wird sie von der Stepenitz umflossen, und nur etwa drei Kilometer nordöstlich entspringt die Dosse, die auf ihren ersten 17 Kilometern die Grenze zu Mecklenburg markiert, bevor sie nach rund 80 weiteren Flusskilometern bei Vehlgast in die Havel mündet. Die heutige B 103, die Meyenburg durchquert, war einst eine wichtige Handelsverbindung zur Ostsee und wurde von einer markgräflichen Burg geschützt, die bereits vor 1285 bestanden haben muss. Die südlich der Festungsanlage entstandene Siedlung erhielt um 1300 Stadtrecht, um die Mitte des 14. Jahrhunderts fiel Meyenburg als markgräfliches Lehen an die Familie von Rohr, die auch im benachbarten Freyenstein (▸ Seite 122) ansässig war. Über viele Jahrhunderte, bis zur Bodenreform in der Sowjetischen Besatzungszone, war nun das Schicksal der Stadt auf das Engste mit dem Wohl und Wehe der Familie von Rohr verbunden.

Die denkmalgeschützte Stadtkirche sowie Schloss und Schlosspark liegen etwas erhöht. In den wirklich sehenswerten Schlossbau wurden Teile der Stadtbefestigung einbezogen, was man auf der Rückseite gut erkennen kann. Andere Bauelemente stammen aus dem 16. Jahrhundert. Durch den Berliner Architekten und Bauforscher Friedrich Adler, einen der bedeutendsten preußischen Baumeister seiner Zeit, wurden 1865/66 die einzelnen Teile zusammengefasst und dabei stark verändert. Eindrucksvoll ist die Fassade im Stil der norddeutschen Renaissance mit Schaugiebeln; sie

Reste der alten Stadtmauer

Schick in Schale! Das Modemuseum im Schloss zeigt manch spektakuläres Stück.

wurde in Backstein ausgeführt und ist wahrlich ein Blickfang. Im Turm der alten Wehranlage, wegen seiner ehemalige Nutzung als Arrestzelle auch „Hungerturm“ genannt, gibt es informative Schautafeln und einen Glasboden.

Der 1860 als Landschaftsgarten ausgeführte Gutspark wurde wiederhergestellt. Zahlreiche kleine Teiche, geschwungene Wege, Parkbänke zur Erholung, ein Rasenrondell und eine Terrasse auf der Nordseite des Schlosses laden zum Lustwandeln ein – zum Beispiel nach dem Besuch des sehenswerten Modemuseums, das im Schloss ein Zuhause gefunden hat: Gezeigt wird Kleidermode von 1900–1970, die von der Sammlerin Josefine Edle von Krepl zusammengetragen wurde. Schuhe, Hüte, Taschen, Schmuck und sehr viele spektakuläre Kleider und Roben gibt es hier zu bewundern! Daneben informiert ein kleines Schlossmuseum über die Geschichte des Gebäudes und insbesondere auch der Familie von Rohr, die die Region mehr als 500 Jahre lang so stark geprägt hat. Im gemütlichen Museumscafé lässt sich der Besuch mit Kaffee und Kuchen abrunden.

Info

Adresse: Schloss 1, 16945 Meyenburg | schloss-meyenburg.de

Anfahrt: RB74 bis Meyenburg, Bahnhof (mit 800 m Fußweg)

Gastronomie: Vor allem saisonale und regionale Produkte, verarbeitet auch zu vegetarischen und veganen Gerichten: Parkgaststätte 2A, Wilhelmplatz 2A, 16945 Meyenburg

25 Schloss Freyenstein

Von der Grenzfeste zur Ruinenlandschaft

In Freyenstein lockt ein großer Archäologischer Park kleine und große Entdecker mit der Möglichkeit, ins Mittelalter abzutauchen. Ausgerüstet mit einem Audioguide kann man hier umherstreifen und interessante Entdeckungen machen.

Die Stadt Freyenstein mit nicht einmal 800 Einwohnern hat für ihre bescheidene Größe viel erlebt: Kriege, Zerstörungen infolge von Fehden und Aktivitäten von Raubrittern. Und sie besitzt gleich zwei Schlösser, die allerdings mit den prunkvollen Bauten der Preußenherrscher wenig gemeinsam haben. Schließlich befand man sich hier ja auch nicht im Zentrum der Macht, sondern sozusagen im Grenzland.

Der kleine Ort in der nördlichen Prignitz liegt in unmittelbarer Nähe der Grenze zu Mecklenburg. Heute wird hier glücklicherweise keine Grenzfeste mehr benötigt, aber auf eine solche geht Freyenstein zurück. Die Burg und die Burgsiedlung waren durch kriegerische Auseinandersetzungen aber schon im 13. Jahrhundert zerstört worden. Als man die Stadt 1287 wiederaufbauen ließ, tat man dies an anderer Stelle, etwas weiter nordöstlich. Und während das „Neubaugebiet“ stolz das Stadtrecht erhielt und damit nicht nur Rat und Gerichtsbarkeit, sondern auch eine wunderbare frühgotische Feldsteinkirche, wurde das aufgegebene alte Stadtgebiet landwirtschaftlich genutzt und versank sozusagen in der Ackerkrume. Ein Glücksfall für die Archäologie: Das Gebiet gilt heute als eine der am besten erhaltenen mittelalterlichen Stadtwüstungen in Deutschland, die Bodenfunde erlauben einzigartige Einblicke in das Stadtbild des 13. Jahrhunderts. Der Archäologische Park Freyenstein macht dies an historischer Stelle anschaulich erlebbar.

Die Nordfassade des Alten Schlosses

Das Neue Schloss in Freyenstein

1492 übernahm das Adelsgeschlecht von Rohr die Stadt Freyenstein. Fontane-Kenner werden bei dem Namen aufhorchen, und tatsächlich, Mathilde von Rohr, die langjährige Freundin und Briefpartnerin von Theodor Fontane, stammte aus dieser Familie. Die von Rohrs setzten sich peu à peu an die Spitze des Adels in der Prignitz. Vor Raubrittermethoden schreckten sie nicht zurück, und sie hatten auch keine Skrupel, im Jahr 1456 Perleberg zu überfallen, die größte Stadt der Prignitz, um von den Bürgern hohe Lösegelder zu erpressen.

Der Familie ist das Alte Schloss in Freyenstein zu verdanken, auch Burg genannt. Das Renaissancegebäude entstand ab 1556 außerhalb der damaligen Stadtbefestigung an der Stelle der ehemaligen mittelalterlichen Burg. Als Architekt wurde Dominicus Parr gewonnen, der am Bau des Schweriner Schlosses beteiligt und auch als Schlossbaumeister in Schweden tätig war. Der Terrakottaschmuck an der Fassade stammt aus Lübeck. Das Alte Schloss ist nur als Fragment überliefert – es ist fraglich, ob es überhaupt je fertiggestellt worden war. Denn der Bauherr hatte sich mit dem Projekt so hoch verschuldet, dass er Burg und Stadt 1620 an die Familie von Winterfeldt verkaufen musste, die sich zu den größten Grundbesitzern der Prignitz mauserte.

Der Dreißigjährige Krieg dezimierte die Einwohnerschaft von Freyenstein erheblich, den Rest raffte die Pest dahin. 1652 lebten in der Stadt noch 28 Einwohner – das Alte Schloss war weitgehend zerstört. Heute noch erhalten und mittlerweile restauriert sind Teile der ehemaligen Hauptfront mit zwei halbrunden Turmstümpfen sowie der nördliche Kopfbau des Westflügels, ein viergeschossiger Bau mit Treppenturm. Die Nordfront wird von zwei dreigeschossigen runden Erkern eingerahmt. An etlichen Bauelementen findet sich noch der erlesene Terrakottaschmuck, der bei der Restaurierung ergänzt wurde. Heute kann man im Alten Schloss heiraten, aber auch eine Audioguide-Führung ist möglich.

Wo ein Altes Schloss existiert, muss es auch Neues geben: Noch in Zeiten derer von Rohr entstand westlich des Alten Schlosses ein Festes Haus, für das teilweise die Stadtmauer überbaut wurde. 1564/65 erfolgte dann der Aus- und Umbau zum Neuen Schloss, den die Familie von Winterfeldt ab 1620 fortsetzte. Heute präsentiert sich die Fassade in unverputztem Mischmauerwerk (Feldstein und Ziegel), was interessant und reizvoll aussieht. Ursprünglich dürfte der Bau aber verputzt gewesen sein. Dem blockhaften Baukörper sind zur Stadtseite hin zwei turmartige Anbauten vorgelegt, außerdem wurde das Wittstocker Tor der Stadtbefestigung einbezogen. Bis 1950 diente das Schloss als Hotel, dann als Schule und später auch als Produktionsstätte des Obertrikotagenbetriebes Wittstock. Nach zwei Restaurierungsphasen sind hier heute die Schlossbibliothek und die Besucherinformation untergebracht: Hier erhält man Tickets und den Audioguide für die Besichtigung des Alten Schlosses sowie des Archäologischen Parks. Außerdem befindet sich im Neuen Schloss ein sehr liebevoll eingerichtetes Puppenmuseum mit über 500 historischen Puppen, Teddybären und Spiel-Accessoires aus aller Welt.

Info

Adresse: Marktstr. 48, 16909 Wittstock/Dosse OT Freyenstein | freyenstein.de

Anfahrt: RE5 bis Wittstock (Dosse), dann Bus 745 bis Freyenstein, Kirche | BR74 bis Meyenburg, Bahnhof, dann Bus 913 bis Freyenstein, Plauer Tor

Gastronomie: Mit Produkten aus der eigenen Bio-Landwirtschaft punktet die Gaststätte Hirschhof, Küsterland 19, 16918 Freyenstein.

26 Schloss Rheinsberg

Freiraum für die Prinzen

In Rheinsberg, so sagte König Friedrich II. später, habe er die schönste Zeit seines Lebens verbracht. Nach seiner Thronbesteigung schenkte er es seinem Bruder, dem Prinzen Heinrich. Beide machten es zu einem Ort der Musen – und der Liebe.

Rheinsberg – da denkt man an Kurt Tucholskys Erzählung *Rheinsberg. Ein Bilderbuch für Verliebte* (1912) oder an Theodor Fontanes ausführliches Kapitel in seinen *Wanderungen durch die Mark Brandenburg*. Vor allem ist der Name des Schlosses aber verbunden mit den preußischen Prinzenbrüdern Friedrich und Heinrich, die hier jeder zu seiner Zeit ihre privaten Freiräume fanden und schöpferisch auslebten.

Dass Friedrichs Verhältnis zu seinem Vater mehr als gestört war, ist bekannt. Vom „Soldatenkönig“ öffentlich geschlagen und verhöhnt, unternahm der Kronprinz mehrere Fluchtversuche; der letzte, im August 1730, wurde ihm als Fahnenflucht ausgelegt. Hier kannte sein Vater kein Pardon, es war ein todeswürdiges Vergehen, ganz gleich, ob der Deserteur ein Bauer oder ein Prinz war. Ursprünglich wollte der König auch seinen Sohn hinrichten lassen, schließlich traf das Todesurteil aber „nur“ einen Mitwisser, Friedrichs engen Freund und Vertrauten Hans Hermann von Katte. Ihn ließ der König vor den Augen Friedrichs in der Festung Küstrin enthaupten.

Der Kronprinz musste sich bewähren. Er wurde Kommandeur eines Regiments in Neuruppin. Als Friedrich der von seinem Vater arrangierten Ehe mit einer ihm vollkommen gleichgültigen Frau zustimmte, durfte er schließlich mit ihr nach Schloss Rheinsberg ziehen, wo er, wie er selbst sagte, die glücklichste Zeit seines Lebens verbrachte.

Am Ostufer des Grienericksees befand sich bereits ein Wasserschloss aus dem 16. Jahrhundert, der sogenannte Klingenberg. Friedrich Wilhelm I. erwarb die Anlage und beauftragte den Architekten Johann Gottfried Kemmeter mit dem Umbau zur Residenz für den Kronprinzen. Kemmeter entwarf eine dreiflügelige Schlossanlage, wobei er die bestehenden Bauten weitgehend in den Neubau integrierte. Im August 1736 konnte das Kronprinzenpaar eine Wohnung im südlichen Flügel beziehen.

Im April 1737 übernahm Georg Wenzeslaus von Knobelsdorff die Bauleitung. Auf ihn geht vermutlich die spiegelbildliche Gestaltung des Nordflügels mit dem zweiten Turm zurück, außerdem entwarf er die Innenräume im friderizianischen Rokoko. Hier wirkten bereits bedeutende Künstler wie der Maler Antoine Pesne oder der Bildhauer Christian Glume, die später beim Umbau des Schlosses Charlottenburg und beim Bau von Sanssouci eine wichtige Rolle spielen sollten.

1739 war der Außenbau vollendet, ein Jahr später bestieg der Kronprinz als Friedrich II. den preußischen Thron. 1744 schenkte er Schloss Rheinsberg seinem Bruder, dem Prinzen Heinrich. Dieser litt sehr darunter, immer und überall im Schatten seines Bruders zu stehen, und wagte es sogar, ihn 1753 in einer unter Pseudonym verfassten Denkschrift zu kritisieren. Prinz Heinrich liebte – wie möglicherweise sein berühmter Bruder auch – Männer. Unter Friedrichs Druck heiratete Heinrich schließlich Wilhelmine von Hessen-Kassel. Der König ließ für das Paar ein Stadtpalais Unter den Linden errichten, das heutige Hauptgebäude der Humboldt-Universität, wo die Eheleute zwei verschiedene Flügel bewohnten und sich möglichst selten begegneten. Die meiste Zeit des Jahres verbrachte Heinrich in Rheinsberg. Er unterhielt dort einen Musenhof, pflegte die schönen Künste und seine Liebschaften. Er ließ 1774 das Schlosstheater errichten, veranstaltete Konzerte und empfing viel Besuch, auch sein Bruder kam gern. Heinrich starb 1802 in Rheinsberg und ist im Schlosspark bestattet. Sein Grabmal in der Form einer abgebrochenen Pyramide ließ er bereits zu Lebzeiten errichten.

Zur Schlossanlage gehören neben dem Schlossgebäude auf einer „Insel“ der Marstall, in dem man heute die Eintrittskarten erwerben kann, das Kavaliershaus mit dem Theater sowie die Schlossgärtnerei, in deren Remise die Touristinformation untergebracht ist, ferner Ställe, Gärtnerhaus und Orangerie. Neben dem Marstall zeugt ein erhaltenes

Stück der mächtigen Stadtmauer, vermutlich aus dem 13. Jahrhundert, davon, dass Rheinsberg einst eine befestigte Stadt war.

Spiegelsaal mit Deckengemälde von A. Pesne

Vor oder nach dem Besuch des Schlosses bietet sich ein Spaziergang durch den ausgedehnten Park am Süd- und Westufer des Grienericksees an – den man leider nicht umrunden kann. Angelegt wurde der geometrische Barockgarten auf der Basis von Knobelsdorffs Entwürfen wohl von Johann Samuel Sello, seinerzeit Hofgärtner in Rheinsberg und Spross einer berühmten Gärtnerfamilie, die über drei Generationen preußische Hofgärtner stellte. Es gibt viel zu entdecken, etwa eine Feldsteingrotte und ein Heckentheater. Den Obelisken, durch eine Sichtachse schon vom Schlossparterre aus zu sehen, ließ Heinrich 1791 zur Erinnerung an die Helden des Siebenjährigen Krieges errichten – insbesondere zu Ehren seines verstorbenen Bruders Prinz August Wilhelm von Preußen.

Seit 1991 wurden die über 50 Innenräume des Schlosses umfassend renoviert, mit ihren originalen Dekorationen sind sie überaus sehenswert. Besonders beeindrucken der Spiegelsaal und der Muschelsaal.

Info

Adresse: Schloss Rheinsberg 2, 16831 Rheinsberg | spsg.de/schloesser-gaerten

Anfahrt: RB45 bis Rheinsberg, dann Bus 764 bis Rheinsberg, Schloss (oder 1 km Fußweg)

Gastronomie: Deutsche Küche und guter Wein, Terrasse mit Schlossblick: Ratskeller Rheinsberg, Markt 1, 16831 Rheinsberg | Am Kirchplatz lockt mit leckerem Kuchen und kleinen Snacks Café Claire, Schlossstraße 4, 16831 Rheinsberg.

27 Schloss Meseberg

Prinz Heinrichs Liebesnest

Das schöne Barockschloss am Huwenowsee wurde einst vom Prinzen Heinrich für seinen Günstling von Kaphengst erworben und fürstlich ausgestattet. Doch die Zeiten der erotischen Skandale und Skandälchen sind vorbei: Heute ist Schloss Meseberg das Gästehaus der Bundesregierung.

Wie Rheinsberg hat auch Meseberg eine Menge mit dem Prinzen Heinrich zu tun, mit gleichgeschlechtlicher Liebe oder zumindest mit Sex, mit einem verschwenderischen Geliebten, mit Abhängigkeit vielleicht. Es bietet Stoff für große Romane ebenso wie für Kolportage.

Meseberg ist ein typisches märkisches Angerdorf aus dem 14. Jahrhundert. Wie es sich gehört, befindet sich auf dem Dorfanger die Kirche, ein im Barockstil umgebautes spätmittelalterliches Feldsteinkirchlein, was man am unverputzten Sockel noch erkennen kann. Seine Zwiebelhaube erhielt der Turm erst 1892.

Das am Huwenowsee gelegene Schloss wurde in den Jahren 1738/39 an der Stelle eines abgebrannten Herrenhauses für Oberst Hermann Graf von Wartensleben errichtet – er war der Onkel des unglückseligen Hans Hermann von Katte, des in Küstrin hingerichteten Jugendfreunds des Kronprinzen Friedrich. Sein Vater, also Kattes Großvater, war Teil des Drei-Grafen-Kabinetts gewesen: Dieser Günstlingskreis um König Friedrich I. beeinflusste von 1702 bis 1710 nicht nur maßgeblich die preußische Politik, sondern plünderte auch die Staatskasse, und zwar in erheblichem Maße. Als die Sache aufflog, verlor Wartensleben senior zwar seine Macht, blieb aber am Hof und erfreute sich weiterhin königlicher Gunst.

Das Schloss ist ein ungewöhnlich schöner, wohlproportionierter Bau im sogenannten Berliner Barock, ein Putzbau mit Mansardwalmdach und auffallend hohen, weiß verputzten Schornsteinen: An einem wolkenlosen Tag ist der Kontrast zwischen rotem Dach und blauem Himmel eine wahre Augenweide. Die Hoffassade präsentiert sich mit einem durch Halbsäulen gegliederten Mittelrisalit mit Dreiecksgiebel,

davor eine doppelläufige Freitreppe. Einen Mittelrisalit findet man auch auf der Gartenseite. Der Park am Huwenowsee wurde im 18. Jahrhundert angelegt und im 19. wie so häufig zu einem Landschaftspark umgestaltet, allerdings später erneut stark verändert.

Hermann Graf von Wartensleben starb 1764. Zehn Jahre später verkauften seine Töchter das Schloss samt großem Grundbesitz an Prinz Heinrich im nahen Rheinsberg. Der schenkte es seinem 14 Jahre jüngeren, verschwenderischen Günstling Christian Ludwig von Kaphengst und richtete es ihm glanzvoll ein. Theodor Fontane schreibt zu der Affäre: „Kaphengst übersiedelte nunmehr nach dem am Huvenow-See gelegenen Schloss Meseberg; aber diese Übersiedelung (...) war so wenig gleichbedeutend mit Entfremdung, dass vielmehr umgekehrt das gute Einvernehmen zwischen Prinz und Günstling aus diesen zeitweiligen Trennungen nur neue Nahrung zog. Überhaupt, aller klar zu Tage liegenden Schwächen und Schattenseiten Kaphengsts zum Trotz, muss dem Wesen desselben ein Etwas eigen gewesen sein, das den alternden Prinzen in unerklärlicher und dadurch annähernd

gerechtfertigter Weise höchst sympathisch berührte." Nun, der körperlich starke Kaphengst dominierte den kleinen und schmächtigen Prinzen und übte offenbar eine große erotische Anziehungskraft auf ihn aus, vielleicht bis hin zur sexuellen Abhängigkeit. Jedenfalls legen Zeitzeugenschilderungen dies nahe. Eine noch heute existierende Wendeltreppe verband das Schlafzimmer von Kaphengst mit dem Gästeappartement des Prinzen. Fest steht auch: Kaphengst nahm seinen Gönner ordentlich aus. Heinrich musste wertvolle Gemälde verkaufen und in seinem eigenen Haushalt und dem seiner Frau sparen, um seinen Liebling zu unterhalten und um später dessen immense Schulden zu bezahlen. Irgendwann kam es, wie es kommen musste: Heinrich ließ Kaphengst fallen.

Carl Robert Lessing, ein Großneffe des Dichters Lessing sowie Miteigentümer und Herausgeber der *Vossischen Zeitung,* kaufte das Anwesen 1883 für seinen Sohn Gotthold Lessing. Carl Roberts Frau war es, die Fontane die Geschichte der Baronin Elisabeth von Ardenne erzählte, deren Schicksal die Vorlage für den Roman *Effi Briest* bildet. 1919 wurde für den im selben Jahr gestorbenen Gotthold Lessing ein Mausoleum am Seeufer errichtet. Das Lessingsche Familienwappen – drei Ringe in Anspielung auf die „Ringparabel" – findet man unter anderem am neubarocken Kirchturm.

1945 wurde das Schloss samt Gutsbesitz enteignet. Zur Zeit der DDR gab es verschiedene Nutzungen, nach der Wende verfiel es. Heute kann das von Grund auf sanierte Schloss leider nur am Tag der offenen Tür besucht werden. Es dient als Gästehaus der Bundesregierung, und hier finden auch regelmäßig die Kabinettsklausuren statt.

Info

Adresse: Meseberger Dorfstraße 29, 16775 Gransee OT Meseberg | schloss-meseberg.de

Anfahrt: RE5 bis Gransee, dann Bus 835 bis Meseberg, Kirche

Gastronomie: Alles, was das Herz begehrt, auch vegetarische und vegane Gerichte, bietet der Dorfkrug Meseberg, Meseberger Dorfstraße 14, 16775 Gransee.

28 Schloss Liebenberg

Verrat zu Kaisers Zeiten

Auf dem Gut des Fürsten zu Eulenburg traf sich einst die Liebenberger Tafelrunde, ein zu Zeiten Kaiser Wilhelms II. sehr einflussreicher Zirkel. Bis perfider Verrat ihr ein Ende setzte, ein Verrat aus den eigenen Reihen.

Nach Rheinsberg und Meseberg verbindet sich auch mit Schloss Liebenberg ein Skandal vor dem Hintergrund, dass Homosexualität im Deutschen Reich nicht nur ins gesellschaftliche Aus führte, sondern eine Straftat war. Vielmehr noch erzählt die Geschichte von Verrat und Bigotterie, ihr Hauptakteur ist ein Reichskanzler, der mit seiner Weltmachtpolitik vor allem Schaden anrichtete und der, selbst schwul, seine homosexuellen Freunde und Förderer ans Messer lieferte um der eigenen Interessen willen: Bernhard von Bülow.

Liebenberg im Löwenberger Land hat heute ungefähr 200 Einwohner, und viel mehr waren es auch früher nicht. Es ist umgeben von Seen – dem Großen Lankesee, dem Weißen See, dem Moddersee und dem Lindsee. Auf einer in den Großen Lankesee hineinragenden Halbinsel stand vom 8. bis zum 12. Jahrhundert eine slawische Burg, von der noch einige wenige Reste zu sehen sind. Der Ort Liebenberg wurde 1267 erstmals urkundlich erwähnt. Im 16. Jahrhundert war es die Familie von Bredow, die den Ort zum Rittersitz entwickelte.

Das Schloss steht heute auf T-förmigem Grundriss. Der Hauptflügel wurde 1743 für Casimir von Hertefeld errichtet, dessen Familie das Gut seit 1652 führte. 1833 wurde das Gebäude aufgestockt. Von der Familie Hertefeld kam Liebenberg an die Grafen, später Fürsten zu Eulenburg. Sie ließen 1875/76 den Seitenflügel mit dem achteckigen Treppenturm anbauen und um die Wende zum 20. Jahrhundert erweitern. So entstand ein wirkungsvolles, zweiflügeliges Bauensemble im Stil der Neorenaissance mit Giebeln, Türmchen und Risaliten.

Viele Schlösser und Herrenhäuser lassen mitunter vergessen, dass sie der Mittelpunkt eines Gutsbetriebs waren – in Liebenberg hingegen betonte man dies besonders: Unter Fürst Philipp zu Eulenburg wurde unter Einbeziehung älterer Gebäude ein Ensemble nach der Art eines historisch gewachsenen Marktplatzes geschaffen, der sehr malerisch wirkt. Zu den älteren Gebäuden zählen die Feldsteinkirche aus dem 13. Jahrhundert, die jedoch neogotisch umgestaltet wurde, und das Inspektorenhaus von 1698.

Der malerische Gutshof wurde um 1900 wie ein historischer Marktplatz gestaltet.

Zwischen Kirche und Schloss ließ man einen rechtwinkligen Anbau mit Waffen- und Jagdsaal sowie ein Kutscherhaus errichten, beide im zeittypischen Heimatstil.

Der ehemals terrassenförmig ansteigende Barockgarten wurde mehrfach verändert, bis er 1833/34 nach Plänen von Peter Joseph Lenné in Teilen zum Landschaftsgarten umgestaltet wurde. Im Park stehen ein neubarockes Teehaus von 1875 und das Lindenhaus, eine kleine Dreiflügelanlage. Interessant ist auch die sogenannte Rosenburg, eine Miniaturruine, die 1901 unter Verwendung von Fragmenten bedeutender Bauwerke wie der Berliner Bauakademie und der Nürnberger Sebalduskirche errichtet wurde. Oberhalb eines der Parkteiche gelegen, die ursprünglich barocke Wasserbecken waren, diente sie als Spielburg für die Kinder des Gutsherren und war seinerzeit sogar kindgerecht möbliert.

Auf dem Schlosshof fällt ein fast sieben Meter hoher Brunnen ins Auge. Der heute aus Originalteilen rekonstruierte Kaiserbrunnen mit der Inschrift

„Zur Erinnerung an seine alljährlichen Besuche in Liebenberg“ wurde 1895 von Kaiser Wilhelm II. gestiftet, der auf Schloss Liebenberg seinen Vertrauten Philipp zu Eulenburg besuchte, von seinen Freunden „Phili“ genannt. Der Diplomat war am Sturz Bismarcks beteiligt, und er war homosexuell. Das mag ein Grund dafür gewesen sein, dass er seinem Freund Bernhard von Bülow 1900 zur Reichskanzlerschaft verhalf. In Liebenberg traf sich eine Tafelrunde, die aus überwiegend homosexuellen Männern bestand. Der leicht zu beeinflussende Kaiser wurde in diesem Kreis „Liebchen“ genannt. Phili war der einflussreichste in der Runde, und Liebchen vertraute ihm nahezu blind. Bernhard von Bülow hatte sich zunächst dankbar gezeigt, doch 1906 versuchte er sich vom fast allmächtigen Kanzlermacher Eulenburg zu befreien. Über seinen schwulen Bruder Alfred nahm er Kontakt zu dem Publizisten Maximilian Harden auf und spielte ihm belastendes Material zu, das dieser in seiner viel gelesenen Zeitschrift *Zukunft* veröffentlichte. Dabei stand die Homosexualität der engsten Freunde Wilhelms II. im Mittelpunkt. Der damit losgetretene Skandal war einer der größten in der Wilhelminischen Ära, viele der öffentlich angeprangerten Personen stürzten, und fast hätte es sogar den Strippenzieher der Affäre selbst erwischt – nur ein Meineid rettete Bernhard von Bülow. Allerdings nur für knappe drei Jahre: Im Sommer 1909 ließ der Kaiser ihn fallen.

Heute dient „Schloss & Gut Liebenberg“, Eigentum und Sitz der DKB Stiftung, als Luxus- oder Tagungshotel und exklusive Hochzeitslocation, auch Jagdarrangements können gebucht werden.

Info

Adresse: Parkweg 1a, 16775 Löwenberger Land OT Liebenberg | schloss-liebenberg.de

Anfahrt: RE5 bis Löwenberg, dann Bus 832 bis Liebenberg, Parkweg

Gastronomie: Etwas vom Ortskern entfernt, dafür mit Seeblick: Restaurant Seehaus, 16775 Löwenberger Land

29 Schloss Oranienburg

Als Holland nach Brandenburg kam

Nachdem sich die aus Holland stammende Gattin des Großen Kurfürsten in die Landschaft der Havelniederung verliebt hatte, erhielt sie das Amt Bötzow als Liebesgabe. Sie ließ ein Schloss errichten, das bald ihr zu Ehren umbenannt wurde und schließlich auch der Stadt den Namen gab.

Der Name erinnert nicht von ungefähr an das Herrscherhaus der Niederlande, denn er geht zurück auf die Prinzessin Luise Henriette von Oranien-Nassau, die 1646 mit 19 Jahren in Den Haag die Gemahlin des Großen Kurfürsten wurde. Als sie wenige Jahre später ihren Mann auf einem seiner Jagdausflüge begleitete, fühlte sie sich „beim Anblick der lachenden Wiesen, die den Lauf der Havel einfassten, (…) lebhaft in die fruchtbaren Niederungen ihrer holländischen Heimat zurückversetzt“ und verlieh ihrer „Freude darüber den unverkennbarsten Ausdruck“ – so berichtet Fontane in seinen *Wanderungen*. „Der Kurfürst, dessen Herz voller Liebe und Verehrung gegen die schöne, an Gaben des Geistes und Gemütes gleich ausgezeichnete Frau war, ergriff mit Eifer die Gelegenheit, ihr ein erneutes Zeichen dieser Liebe zu geben, und schenkte ihr das ‚Amt Bötzow mit allen dazugehörigen Dörfern und Mühlen, Triften und Weiden, Seen und Teichen‘. Die Schenkung wurde dankbar angenommen …“

Zu jenem Amt Bötzow genannten Gebiet in den Havelniederungen gehörte auch eines der Jagdschlösser, die Joachim II. im 16. Jahrhundert hatte errichten lassen. Wie so oft hatte es auch hier bereits eine Burg als Vorgängerbau gegeben.

Die Kurfürstin beauftragte den aus Österreich stammenden Baumeister Johann Gregor Memhardt, den Schöpfer des ältesten Stadtplans der Doppelstadt Berlin-Cölln, mit dem Bau eines Schlosses in holländischem Stil. Dieses Schloss erhielt 1852 den Namen Oranienburg, und bald wurden auch der Ort und das Amt Bötzow umbenannt.

Denkmal für Luise Henriette

Eingang zum Lustgarten

Das für die Kurfürstin Luise Henriette erbaute Schloss wuchs über die Jahrhunderte und veränderte sich, wobei bedeutende Baumeister ihre Spuren hinterließen. Wie am Schloss Charlottenburg wirkte hier zunächst Johann Arnold Nering, dann Martin Grünberg. Ab 1689 ließ Luise Henriettes Sohn Friedrich III. das Schloss zu einer großen, von französischen Vorbildern beeinflussten Dreiflügelanlage ausbauen; vollendet wurde der Bau durch Eosander von Göthe – auch ein guter Bekannter vom Schlossbau in Charlottenburg (► Seite 16). Um 1700 waren Corps de Logis, Park- und Havelflügel sowie der prächtige Innenausbau abgeschlossen.

Mitte des 18. Jahrhunderts wurden die mittlerweile verwohnten Barockzimmer erneuert, und August Wilhelm von Preußen feierte hier mit seinen zwei Brüdern – Friedrich II. und Heinrich – zahlreiche Feste. 1794 schenkte Friedrich Wilhelm II. das Schloss seinem Sohn und dessen Gemahlin, der späteren Königin Luise, sie wohnten aber nur kurze Zeit dort.

Schaut man sich ein Luftbild des Schlosses an, fällt auf, dass sein Grundriss einem amputierten H gleicht: Der östliche, havelseitige der zwei südlichen Flügel, die 1709–11 angebaut wurden, fiel einem Brand zum Opfer. 1802 war es in Privathände verkauft worden und beherbergte mittlerweile eine chemische Fabrik. Seit 1840 wurden hier Paraffinkerzen hergestellt, zwei Jahre später kam es zu dem verheerenden Brand. Der Südostflügel wurde nicht wieder aufgebaut.

In der zweiten Hälfte des 19. Jahrhunderts bezog ein evangelisches Lehrerseminar die dafür umgebauten Räumlichkeiten und blieb bis 1925.

In der NS-Zeit diente das Schloss der SS als Kaserne, die Totenkopfverbände für das nahe gelegene KZ Sachsenhausen waren hier untergebracht. 1937 zog eine Polizeischule ein, für sie entstand 1938 der dreiflügelige Erweiterungsbau nördlich des Schlosses. Bis 1990 war es dann eine Kaserne der Grenztruppen der DDR. All diese Umnutzungen führten zu einem weitgehenden Verlust der einst prächtigen Ausstattung.

Bis 1999 wurde das Gebäude saniert, historisch bedeutsame Räume wurden wiederhergestellt, etwa der Orange Saal. Das Schlossmuseum zeigt Kunstwerke, die von den Beziehungen Brandenburgs zu den Niederlanden zeugen. Bedeutend ist vor allem die Sammlung von Gemälden des Flamen Anthonis van Dyck, aber auch die prächtigen Etageren in der Porzellankammer, die Silberkammer oder die Sitzmöbel aus Elfenbein sind sehenswert. Es werden Führungen angeboten, auch speziell für Familien.

Nach der Schlossbesichtigung sollte man sich unbedingt noch im 30 Hektar großen Schlosspark umschauen, der 2009 im Rahmen der brandenburgischen Landesgartenschau neu gestaltet wurde. Mit dem Motto „Traumlandschaften einer Kurfürstin“ kehrte man hier zu den Anfängen zurück. Barocke Gartenlandschaften wurden rekonstruiert und moderne Gartenräume geschaffen, auch die Havelpromenade und der Schlosshafen entstanden in diesem Zusammenhang. Heute locken Spazierwege und gemütliche Sitzgelegenheiten, für Kinder gibt es viele Spiel- und Klettermöglichkeiten und im Sommer einen liebevoll gestalteten Wasserspielplatz.

Info

Adresse: Schlossplatz 1, 16515 Oranienburg | spsg.de/schloesser-gaerten

Anfahrt: Diverse IC und RB, RE5, S1 bis Oranienburg, dann Bus 824 bis Breite Straße oder 1.200 m Fußweg

Gastronomie: Internationale Küche in einem farbenfrohen Ambiente und mit Terrasse an der Havel bietet das Schlossrestaurant Oranienburg – Lieschen & Lotte, Schlossplatz 1, 16515 Oranienburg.

30 Jagdschloss Groß Schönebeck

Halali in der Schorfheide

Schon die Askanier sicherten sich ihr Jagdprivileg in der nördlich von Berlin gelegenen tierreichen Schorfheide. Ein Jagdgebiet der Mächtigen sollte sie bis ins 20. Jahrhundert hinein bleiben: Am 8. November 1989 schoss Erich Honecker hier seinen letzten Hirsch.

Ihr Waidmannsheil in der Schorfheide suchten sie alle: Markgrafen und Kurfürsten, preußischen Könige und deutsche Kaiser. Insbesondere Wilhelm II. machte von seinen Jagdprivilegien ausgiebig Gebrauch. Nach dem Ende des Kaiserreichs war es der Sozialdemokrat und langjährige preußische Ministerpräsident Otto Braun, der in der Schorfheide auf die Pirsch ging. Die Nazi-Größe Hermann Göring ließ sich hier die gigantische Residenz Carinhall errichten, ihm folgten rote Potentaten wie Erich Honecker, Erich Mielke und Günter Mittag, die hier manchmal auch zur Staatsjagd luden.

Das Jagdschloss in Groß Schönebeck am südlichen Rand der Schorfheide ließ Friedrich Wilhelm, der Große Kurfürst, ab 1680 errichten, und zwar an der Stelle einer alten Wasserburg, von der nach dem Dreißigjährigen Krieg nur noch Ruinen übrig geblieben waren. Sein Enkel Friedrich Wilhelm I., zweiter König in Preußen, ließ das Gebäude 1724 noch einmal grundlegend instandsetzen. Der schlichte zweigeschossige Putzbau auf quadratischem Grundriss diente fortan als Gästehaus für die königlichen Jagdgesellschaften.

Im 19. Jahrhundert wurde das Jagdschloss dem Trend der Zeit folgend mit einigen gotischen Elementen aufgepeppt. Man setzte achteckige Ecktürmchen mit Zinnen auf, die Dachgaube schmückte man mit zierlichen Fialen, und die Fensterrahmen versah man mit vorhangbogenartigen Umrahmungen.

Heute ist im Schloss, in der Museumsscheune und der Remise (in der sich auch die Touristeninformation befindet) eine spannende multimediale Ausstellung zum Thema „Jagd und Macht“ untergebracht.

Info

Adresse: Schloßstraße 7, 16244 Schorfheide OT Groß Schönebeck | schorfheide-museum.de

Anfahrt: RB27 bis Groß Schönebeck

Gastronomie: Schnitzel mit Pommes, Wildgulasch, Roulade mit Klößen oder – für DDR-Nostalgiker – Ragout Fin mit Toast-Ecke: Zur neuen Schorfheide, Ernst-Thälmann-Straße 49a, 16244 Schorfheide OT Groß Schönebeck

31 Schloss Boitzenburg

Das Schloss der vielen Türme

Der uckermärkische Stammsitz der Familie von Arnim ist wirklich etwas ganz Besonderes und wurde schon mit Bauten König Ludwigs II. von Bayern verglichen. Der schöne Park verlockt zu ausgiebigen Spaziergängen, und auch Leckermäuler kommen nicht zu kurz.

Als „Neuschwanstein in Brandenburg" wurde das Schloss Boitzenburg schon bezeichnet, und nach einem Blick auf das Ensemble mit seinen zahlreichen Schmuckgiebeln und vielgestaltigen Türmchen versteht man sofort, warum. Seine heutige Gestalt im historistischen Stil erhielt das Schloss Ende des 19. Jahrhunderts, seine Geschichte reicht aber natürlich viel weiter in die Vergangenheit zurück. Mit der Familie von Armin ist es diesmal märkischer Uradel, dem das große Herrenhaus in Boitzenburg zu verdanken ist. Die weitverzweigte Familie gibt es bis heute, die Standesherrschaft Boitzenburg war ihr bedeutendster Besitz.

Alles begann mit einer 1276 erstmals erwähnten Burg an der Handelsstraße von Prenzlau nach Fürstenberg/Havel. In ihrer Nähe lag ein Nonnenkloster der Zisterzienser, von dem noch Ruinen erhalten sind, und dazwischen wuchs eine Siedlung. Die Burg mit den umliegenden Dörfern fiel 1415 endgültig an Brandenburg, und durch einen Tausch gegen das Schloss Zehdenick unter Kurfürst Joachim I. kam das Anwesen in den Besitz der von Arnims. Sie blieben die Herren auf Boitzenburg – bis 1945.

Das Schloss liegt, umgeben von drei Teichen sowie einem schmalen Graben, dem Marienfließ, praktisch auf einer Insel. Betrachtet man die Anlage aus der Vogelperspektive, fällt ihre unregelmäßige Gestalt auf. Kern des Baus ist bis heute die mittelalterliche Burg. Diese erweiterte man Ende des 16. Jahrhunderts um einen Renaissanceflügel, das sogenannte Oberhaus. 1740 kam das Unterhaus dazu, ein dreiseitiges, um einen Ehrenhof angelegtes Gebäude. Gegenüber entstand für die Reitpferde der gräflichen Familie ein Marstall,

Erbbegräbnis der von Arnims

Der Marstall, heute Anlaufstelle für Leckermäuler

der immerhin von Carl Gotthard Langhans entworfen wurde, dem Erbauer des Brandenburger Tors in Berlin. Leider ist seine ursprüngliche Form aufgrund von Umbauten aus dem 19. Jahrhundert kaum mehr zu erkennen.

In den Jahren 1838–42 durfte der nicht weniger bedeutende Baumeister Friedrich August Stüler Hand an das Unterhaus legen. Er gestaltete diesen Teil des Schlosses neugotisch um. Damit war das Bauensemble nicht mehr aus einem Guss, sondern bestand aus dem Renaissancebau und dem neugotischen Teil. Vermutlich fand man den Kontrast damals reizvoll – rund zwei Generationen später aber schon nicht mehr. Also beauftragte man 1881 den Architekten Carl Doflein, einen Vertreter des Historismus, dafür zu sorgen, dass alles gleich aussähe, und so glich Doflein das Unterhaus durch Renaissanceformen wieder dem Oberhaus an. 1884 war das Werk vollendet. Kunst oder Kitsch – über Geschmack lässt sich nicht streiten. Doflein schuf im Übrigen auch den „Löwentempel", die von zwei großen steinernen Löwen bewachte Erbbegräbnisstätte derer von Arnim im Schlosspark.

Der Park verdankt seine heutige Gestalt im Wesentlichen dem Entwurf des nahezu allgegenwärtigen und unermüdlich schaffenden Peter Joseph

Lenné. 1827/28 formte er den Park zu einem englischen Landschaftsgarten um und integrierte dabei die drei das Schloss umgebenden Teiche. Neben dem Erbbegräbnis schmücken ein von Langhans entworfener Gedächtnistempel für den 1801 verstorbenen Friedrich Wilhelm von Arnim, der Apollotempel von 1856 sowie die Rote Kapelle, eine 1875 nach Entwürfen von Martin Gropius errichtete Gedächtniskapelle für Mathilde von Arnim, den Schlosspark.

1945 wurde die Familie von Arnim enteignet und das Schloss zum Flüchtlings-, Alters- und Kinderheim umgewandelt, bevor sich die Volkspolizei einquartierte. 1955–90 diente es als Erholungsheim für Offiziere der Nationalen Volksarmee und ihre Familien. Nach 1990 war das Ensemble dann zunächst herrenlos. Inzwischen ist das renovierte „Märchenschloss" zu einem Hotel umgebaut worden und lockt mit seinem angeschlossenen Ponyhof reitbegeisterte Gäste. An vielen Wochenenden finden öffentliche Schlossführungen statt, eine Voranmeldung wird empfohlen.

In den Marstall sind eine Schokoladen- und Eismanufaktur eingezogen sowie eine Kaffeerösterei, eine Schaubäckerei, ein Brauhausrestaurant, in dem selbst gebrautes Bier gezapft wird, und ein Café.

Schließlich sollte man unbedingt auch den Ort selbst besichtigen: die Klosterruine, die auf einer Anhöhe gelegene und auch innen sehenswerte Pfarrkirche St. Marien auf dem Berge sowie die Fachwerkhäuser am Markt. Am stattlichen Pfarrhaus westlich der Kirche und an den Beamtenhäusern an der Straße zum Schloss kommt man dann ohnehin vorbei.

Info

Adresse: Templiner Straße 13, 17268 Boitzenburger Land OT Boitzenburg | schloss-boitzenburg.de

Anfahrt: RE3, diverse ICE bis Prenzlau, dann Bus 503 bis Boitzenburg, Amt

Gastronomie: Im Marstall, gegenüber dem Schloss Boitzenburg. Unwiderstehlich: Café, Torten-, Schokoladen- und Eismanufaktur & Kaffeerösterei | Haxe, Schnitzel oder Bratwurst, dazu das Bier, im Brauhaus und Braumanufaktur

32 Schloss Monplaisir in Schwedt/Oder

Ein Schlösschen, wo es keiner erwartet

Wer Schwedt sagt, denkt an Petrochemie und DDR-Neubaublöcke. Weniger bekannt ist die Hohenzollern-Nebenlinie Brandenburg-Schwedt, die genau 99 Jahre, bis 1788, existierte. Politisch machtlos konnten die Prinzen in Schwedt immerhin ihren Wohlstand demonstrieren.

Es war Kurfürstin Dorothea Sophie, zweite Gemahlin des Großen Kurfürsten, die auf eine angemessene Residenz für ihren Sohn bedacht war. Sie beauftragte den niederländischen Architekten Cornelis Ryckwaert mit einem Neubau in Schwedt – denn das dortige Renaissanceschloss lag nach dem Dreißigjährigen Krieg in Ruinen. Historische Fotos zeigen eine prachtvolle barocke Dreiflügelanlage mit einer 100 Meter breiten Kastanienallee zur Stadt hin und einem Barockpark an der Gartenseite, der im 19. Jahrhundert von Lenné zum Landschaftsgarten umgeformt wurde. Nur existiert leider auch dieses Schloss nicht mehr. Im Frühjahr 1945 durch Beschuss schwer beschädigt, wurden die Ruinen 1962 gesprengt und an ihrer Stelle ein Kulturhaus errichtet, heute die Uckermärkischen Bühnen Schwedt. Nur zwei Bauwerke haben die Zeiten überdauert: Das 1778–80 von Georg Wilhelm Berlischky errichtete, etwa zwei Kilometer entfernte Lustschlösschen Monplaisir (dessen märchenhafter Park bis voraussichtlich Ende 2024 saniert wird) sowie in der Innenstadt der nach seinem Baumeister benannte Berlischky-Pavillon, ab 1777 als Kirche errichtet und heute ein Veranstaltungsort.

Der alte Schlossgarten wurde 2009–12 zum sogenannten Europäischen Hugenottenpark umgestaltet, zu Ehren jener prostestantischen Flüchtlinge, die in Schwedt im späten 17. Jahrhundert den uckermärkischen Tabakanbau begründeten. Es gibt noch einen sehenswerten Altbaumbestand, und da der Park direkt an der Hohensaaten-Friedrichsthaler Wasserstraße liegt, kann man schön am Ufer spazierengehen.

Info

Adresse: Schlosspark: Berliner Straße | Lustschlösschen: Monplaisir 3 | Berlischky-Pavillon: Lindenallee 28, alle in 16303 Schwedt/Oder

Anfahrt: RE3, RB 61 bis Schwedt/Oder, dann 1 km Fußweg zum Schlosspark, dabei passiert man nach 550 m den Berlischky-Pavillon | Lustschlösschen Monplaisir: vom Bahnhof 2 km Fußweg

Gastronomie: Nahe Wasserstraße und Hugenottenpark: Restaurant Wunderbar, Polderblick 5, 16303 Schwedt/Oder | In der historischen Innenstadt von Schwedt: Gaststätte Jägerhof, Vierradener Straße 47, 16303 Schwedt/Oder

Im Oderland
und an den
Dahme-Seen

33 Schloss Bad Freienwalde

Rückzugsort des Außenministers

Der Industrielle und Politiker Walther Rathenau erwarb das Schlösschen im Jahre 1909. Hier erholte er sich vom politischen Getriebe der Hauptstadt und lud Freunde ein. 1922 wurde er Außenminister und im selben Jahr ermordet. Eine Gedenkstätte im Schloss erinnert an ihn.

Hübsches Wort für hübschen Ort", so hat sich der Wanderer Theodor Fontane zum Namen Freienwalde geäußert, das „Bad" kam erst 1923 hinzu. Er hatte aber auch eine besondere Beziehung zu der Kleinstadt am Übergang vom Barnimplateau zum Oderbruch, denn sein Vater verbrachte im Ortsteil Schiffmühle seine letzten Lebensjahre. In dem Fachwerkhaus in der Nähe der Alten Oder ist heute neben dem Fontane-Gedenkort ein kleines Heimatmuseum untergebracht, im Bauerngarten lädt ein Café zu Kaffee und Kuchen.

Freienwalde entstand als Kaufmannssiedlung an einer bedeutenden Kreuzung der Handelsstraßen zwischen Berlin und Stettin sowie Eberswalde und Frankfurt an der Oder. 1316 wurde der Ort erstmals urkundlich erwähnt. Der schreckliche Dreißigjährige Krieg verschonte auch Freienwalde nicht und ließ den Ort zerstört und nahezu entvölkert zurück. Aufwärts ging es für Freienwalde erst wieder mit der Entdeckung einer Heilquelle in den 1680er-Jahren. 1683 beschrieb der Freienwalder Apotheker Peter Gottfried Gensichen die Heilkraft des hiesigen Quellwassers, woraufhin der Kurfürst seinen Hofalchimisten schickte, der ebenfalls nur Gutes von dem Wasser zu berichten wusste. Schließlich überzeugte sich Friedrich Wilhelm 1684 persönlich von den wohltuenden Effekten. Noch heute wird die letzte verbliebene Quelle Kurfürstenquelle genannt.

Der Betrieb des Gesundbrunnens brachte Freienwalde erheblichen wirtschaftlichen Aufschwung, schließlich mussten nun die Kurgäste beherbergt und verköstigt werden und sie nahmen weitere Dienstleistungen in Anspruch. Der erste König in Preußen, Friedrich I., ließ nahe beim Gesundbrunnen ein Lustschloss errichten, das aber nicht erhalten blieb. Und sein Sohn, der „Soldatenkönig", schickte seine hohen Offiziere zur Kur.

Die Kurklinik existiert bis heute: Im Moor-Kompetenzzentrum werden Therapien angeboten, aber auch als Wellness-Gast kann man sich hier mit Schlammpackungen oder beim Moortreten und -kneten verwöhnen lassen. Schön ist das historische Ambiente: Das Kurmittelhaus stammt von 1789/90 und wurde von Carl Gotthard Langhans erbaut.

Etwas jünger sogar ist das Schloss auf dem Apothekerberg vom Ende des 18. Jahrhunderts, und der Hintergrund seiner Entstehung ist leicht bizarr: König Friedrich II. hatte bekanntlich keine Kinder. Sein von ihm zum Thronfolger bestimmter nächstjüngerer Bruder starb aber noch zu Lebzeiten Friedrichs II., sodass dessen Sohn Friedrich Wilhelm zum Nachfolger auserkoren wurde. Er wurde mit Elisabeth Christine Ulrike von Braunschweig-Wolfenbüttel verheiratet, lehnte die aufgezwungene Ehefrau jedoch ab, da er bürgerlichen Vorstellungen von einer Liebesheirat anhing. Also umgab er sich mit Mätressen – die bekannteste ist Wilhelmine Encke. Seine Frau revanchierte sich mit Seitensprüngen, weswegen man nicht sicher sein konnte, ob ein Sohn dann auch wirklich vom Thronfolger abstammen würde. 1769 machte man kurzen Prozess, die Ehe wurde geschieden. Als nächste Ehefrau wurde Friederike Luise von Hessen-Darmstadt auserkoren – was an den Verhältnissen bei Hofe und dem Gebaren des Königs nichts änderte. Doch Friederike Luise erfüllte die in sie gesetzten Erwartungen und brachte einen Sohn zur Welt, wieder einen Friedrich Wilhelm, später als König der Dritte. Da stieg quasi weißer Rauch auf: Habemus Thronfolger!

Da Friederike Luise schwer an Gicht erkrankte, fuhr sie ab 1788 häufig zur Kur nach Freienwalde, vielleicht war sie auch ganz froh, auf diese Weise ihrem untreuen Gatten zu entkommen. Nachdem ihr Mann gestorben und ihr Sohn König geworden war, wünschte sich die Königinmutter einen Witwensitz in Freienwalde. David Gilly entwarf eine frühklassizistische Villa, die 1798/99 erbaut wurde. Schon vor dem Baubeginn des Schlosses ließ Friederike Luise die Anhöhe des Apothekerbergs mit Gartenanlagen und Gehölzen verschönern und 1790 einen hölzernen Pavillon mit Säulenumgang errichten. Dem wurde später ein Saal angefügt, den man als Kleines Schauspielhaus mehrmals die Woche für Opern- und andere Bühnenaufführungen für die Hofgesellschaft nutzte. Seit Ende des 19. Jahrhunderts wird dieser bis heute nahezu unveränderte Bau „Teehäuschen" genannt. 1820 wurde das Schloss baulich verändert, zwei Jahre später wurde der Park von Lenné umgestaltet, sein Charakter nach 1945 jedoch radikal entstellt.

1909 erwarb der Industrielle und liberale Politiker Walther Rathenau die zweigeschossige Villa, er ließ eine Terrasse mit Treppe zum Park anlegen und einen halbrunden Vorbau an der nördlichen Schmalseite errichten. Zu seinen Freunden, die ihn in Freienwalde besuchten, gehörten bekannte Persönlichkeiten wie Gerhart Hauptmann, die Schriftstellerin Annette Kolb oder der Verleger Samuel Fischer. Als Außenminister der Weimarer Republik wurde Rathenau im Jahr 1922 ermordet – er war auf dem Weg nach Bad Freienwalde. Seine Erben vermachten das Schloss dem Landkreis Oberbarnim mit der Auflage, das Andenken zu pflegen. 1945 wurde das Schloss allerdings geplündert, die wertvollen Seidentapeten und die Ausstattung verschwanden auf Nimmerwiedersehen, die Gesellschaft für deutsch-sowjetische Freundschaft zog ein. Nach der Wende wurde das Schloss renoviert. In den Räumen befindet sich heute die Rathenau-Gedenkstätte. Der weitläufige Schlosspark mit zugehörigem Waldgebiet hält für den Wanderer viele schöne Aussichtspunkte bereit.

Info

Adresse: Rathenaustraße 3, 16259 Bad Freienwalde | schloss-freienwalde.de

Anfahrt: RB60 bis Bad Freienwalde

Gastronomie: Saisonale Küche, Fisch- und Wildgerichte oder Vegetarisches gibt es im Restaurant Stadtmitte, Königstraße 23A, 16259 Bad Freienwalde.

34 Schloss Altranft

Spannendes Museum an außergewöhnlichem Ort

Das neobarocke Schloss beherbergt ein ungewöhnliches Mitmach-Museum, das Erwachsene, Jugendliche und Kinder gleichermaßen anspricht. Das Besondere daran: Auch Teile des Dorfes werden miteinbezogen. Ländliches Leben gestern und heute ist zu entdecken!

Das Dorf Altranft mit knapp 900 Einwohnern ist ein Ortsteil von Bad Freienwalde. Wanderfreunde können auf dem Oderlandweg durch den Märkischen Bergwanderpark von Bad Freienwalde direkt bis nach Altranft spazieren – die Website von Bad Freienwalde verspricht sogar Mittelgebirgsansichten! Es gibt aber auch eine Bahnstation. Altranft hat neben dem Schloss genannten Herrenhaus und dem dazugehörigen Park einiges zu bieten, etwa eine spätbarocke Kirche, viele denkmalgeschützte Bauern-, Gutsarbeiter- und Wohnhäuser und Gebäude wie das Schulhaus, die Schmiede oder die Spritbrennerei. In den 1970er-Jahren begann hier der Aufbau eines Museums zur Agrargeschichte, das die bestehenden historischen Bauten integrierte und als Brandenburgisches Freilichtmuseum Altranft überregionale Bedeutung erlangte. Inzwischen präsentiert das „Oderbruch Museum Altranft – Werkstatt für ländliche Kultur“ von März bis Dezember eine mehrere Gebäude einbeziehende modernisierte Ausstellung zu den Themen Natur und Wassersystem des Oderbruchs, Landwirtschaft und ländliches Leben.

Als „Ramft“ wurde das heutige Altranft im Landbuch Kaiser Karls IV. 1375 erstmals erwähnt, und zwar als Adelssitz eines Betkin von Pfuel. Literaturkennern wird der Familienname bekannt vorkommen – Heinrich von Kleist schrieb einen häufig zitierten, stark erotisch konnotierten Brief an Ernst von Pfuel, der nach seiner Entdeckung 1902 Spekulationen über Kleists sexuelle Identität Tür und Tor öffnete. Aber das war viel später …

Um 1375 ließen die Pfuels ein erstes Herrenhaus in Altranft errichten, 1574 die erste Kirche. Nach dem Dreißigjährigen Krieg waren noch zehn Einwohner am Leben. 1664 gelangte das Gut in den Besitz des kurbrandenburgischen Obersten Wolf Friedrich von Bomsdorf, der das Herrenhaus zum barocken Schloss umbauen ließ. Der vielleicht bedeutendste Besitzer war Samuel von Marschall (aus schottischem Adel!), der als Minister unter Friedrich Wilhelm I. und Friedrich II. diente und Letzterem die Trockenlegung des Oderbruchs nahelegte, die er dann zunächst auch leitete.

Im 19. Jahrhundert ließ die Besitzerfamilie von Hacke den Schlosspark nach dem Vorbild der Lenné-Parks umgestalten und das Schloss neubarock

Der „TalkWalk" durch Altranft führt auch an der spätbarocken Dorfkirche vorbei.

überformen, dabei erhielt es seinen nach Süden orientierten Ehrenhof. Durch diesen Um- und Neubau von 1876 wirkt das Herrenhaus heute wie ein Barockschloss aus einem Guss – und das ist es im Grunde auch, nur eben als Ergebnis historistischer Nachahmung.

Altranft gehörte den Hackes bis 1916, dann folgten häufige Besitzerwechsel, bis Teile des Guts an den NS-Architekten Albert Speer gelangten, der hier einen gigantischen Feudalsitz plante. Nach der Enteignung 1945 diente das Gebäude als Flüchtlingsunterkunft, Landwirtschaftsschule, Schulhort, Kinderkrippe, Gaststätte, Bibliothek und, und, und …

Auch im Schloss Altranft sind heute Teile der Ausstellungen des Oderbruchmuseums untergebracht, und der Besuch ist wirklich lohnenswert: Die Räume sind abwechslungsreich gestaltet, gut durchdacht und oft sind die Themen multimedial aufbereitet: Mitmachen und Interaktion sind ausdrücklich erwünscht. Besonderen Spaß macht die große Oderbruch-Murmelbahn, mit der sich die Fließwege des Wassers spielerisch erkunden lassen. Es gibt eine Bastelwerkstatt für Kinder und Jugendliche sowie zahlreiche Bildungsangebote für jede Altersstufe. Auch im Park kann man einiges entdecken, zum Beispiel einen „Krautbagger“.

Unterhaltsam und lehrreich ist auch der sogenannte Talk Walk durchs Dorf. Dieser etwa 4,7 Kilometer lange Dorfspaziergang (auch kürzere Routen sind möglich) führt via Smartphone zu 20 Stationen, an denen man Interessantes über ausgewählte Bauwerke, Geschichte und Gegenwart des Dorfes erfährt. Audiodatei und Karte können auch ohne Museumsbesuch kostenlos heruntergeladen werden.

Info

Adresse: Am Anger 27, 16259 Bad Freienwalde OT Altranft | oderbruchmuseum.de

Anfahrt: RB60 bis Altranft

Gastronomie: Im Oderbruch Museum gibt es ein kleines Café. Ansonsten gilt Rucksackverpflegung – oder man besucht eine Gaststätte im nahen Bad Freienwalde.

35 Schloss Neuhardenberg

Schinkels Gesellenstück

Erst Quilitz, dann Neuhardenberg, danach Marxwalde und jetzt wieder Neuhardenberg: Schon im Wechsel der Ortsnamen spiegelt sich preußisch-deutsche Geschichte. Der reformorientierte Staatskanzler von Hardenberg erhielt das Gut einst als Geschenk, und der junge Schinkel durfte hier bauen.

Das heutige Dorf Neuhardenberg hieß zunächst Quilicz, dann Quilitz. Der Name ist slawischer Herkunft und bedeutet so viel wie „Ort, wo Leute eines Mannes namens Kwila wohnen“. Kwila wiederum heißt „Greiner, Jammerer“. Quilitz war also ein Ort, an dem die Leute eines Jammerers wohnten. Was er wohl zu jammern hatte? Man weiß es nicht.

Gründe zum Klagen oder Jammern bietet der Ort allerdings schon: In den Jahren 2003/04 zog sich Bundeskanzler Gerhard Schröder hierher zurück, um mit seinem Kabinett in Klausur zu gehen und Beschlüsse zu fassen, die in die Geschichte eingehen sollten: Agenda 2010, Hartz IV, eine umstrittene Steuerreform. Wenn das der Kwila wüsste …

Beklagenswert war sicherlich auch der Großbrand am 9. Juni 1801, der mehr als den halben Ort verheerte. Doch erwies sich das zerstörerische Ereignis insofern als Glücksfall, als für den Neuaufbau ein junger, unbekannter Architekt namens Karl Friedrich Schinkel engagiert wurde. Mit Schloss, Kirche und Dorfanlage schuf er das einzigartige architektonische Ensemble, das den Ort heute zu einem der attraktivsten Ausflugsziele in der Region macht.

Schon um 1480 gab es in Neuhardenberg drei Rittergüter, von denen keines den Dreißigjährigen Krieg überstand. 1681 erwarb Kurfürstin Dorothea, die zweite Gattin des Großen Kurfürsten, die Güter für ihre Nachkommen. Da jedoch bereits ihr Enkel ohne erbberechtigten Sohn verstarb, fielen die Güter zurück an die preußische Krone. Friedrich II. schenkte sie dann aus Dankbarkeit dem Rittmeister und späteren General Joachim Bernhard von Prittwitz, der ihn in der verlorenen Schlacht von Kunersdorf 1759 während des Siebenjährigen Krieges vor der Gefangennahme durch die Österreicher bewahrt hatte. Prittwitz ließ 1763 ein erstes eingeschossiges Schloss errichten, das 1801 abbrannte.

Der Besitzer hieß inzwischen Friedrich Wilhelm Bernhard von Prittwitz. Der Sohn des „Königsretters“ war seit 1798 als Geheimer Finanz-Staatsrat im Königlichen Finanzministerium in Berlin tätig. Er war ein fortschrittlicher Mann, förderte die Schulbildung „seiner“ Bauern und hatte in Berlin und bei Hofe ein Verständnis für moderne Architektur entwickelt, wie sie etwa von David Gilly vertreten wurde. Deshalb wohl beauftragte er den damals noch unbekannten Gilly-Schüler Karl Friedrich Schinkel mit dem planmäßigen Wiederaufbau des zerstörten Guts als lang gestrecktes Angerdorf mit Lindenallee. Neben den eingeschossigen Typenhäusern gehen die Kirche, der Gutshof, die Schule und auch das Pfarrhaus auf Schinkels Entwürfe zurück – ebenso wie das neue Schloss, das allerdings erst später entstand, nämlich 1820–22. Zu diesem Zeitpunkt befanden sich Schloss und Güter bereits im Besitz des Staatskanzlers Karl August von Hardenberg, der es für seine Verdienste von König Friedrich Wilhelm III. erhalten hatte, denn inzwischen war es wieder an die Krone gefallen. Der Fürst von Hardenberg ist bis heute bekannt durch die Stein-Hardenbergschen Reformen, auch Preußische Reformen genannt – diese Neuerungen bildeten die Grundlage für Preußens Entwicklung vom absolutistischen Agrarstaat mit seinen Ständen hin zum Industriestaat. Und der Fürst war es selbst, der den Ort 1815 ganz bescheiden in Neu-Hardenberg umbenannte.

Schinkelkirche in Neuhardenberg

Schinkel schuf für ihn eine schlichte Dreiflügelanlage im klassizistischen Stil, gruppiert um einen Ehrenhof. Sowohl zur Hof- als auch zur Gartenseite werden die Fassaden durch einen Mittelrisalit mit Dreiecksgiebel gegliedert; der hofseitige Giebel trägt die Inschrift *GRATIA REGIS*, also „Dank des Königs“. Den Ehrenhof flankieren die 1821 errichteten Kavaliershäuser, ebenfalls von Schinkel, von den Wirtschaftsgebäuden haben sich die Orangerie und die Brennerei erhalten. Wie es sich gehört, gibt es auch einen Schlosspark. Er entstand 1821 nach Entwürfen von Lenné, in die aber Änderungsvorschläge des ebenso bedeutenden Landschaftsarchitekten Hermann von Pückler-Muskau eingearbeitet wurden: Pückler war der Schwiegersohn des Fürsten Hardenberg. Man kann also mit Fug und Recht sagen, dass hochbedeutende Künstler des 19. Jahrhunderts in Neuhardenberg ihre Spuren hinterlassen haben.

Während der NS-Zeit trafen sich mehrmals Vertreter des Widerstands auf Schloss Neuhardenberg. Wenige Tage nach dem gescheiterten Hitlerattentat vom 20. Juli 1944 verhaftete die Gestapo den Gutsbesitzer Carl-Hans Graf von Hardenberg, der ins KZ Sachsenhausen gebracht wurde. Hardenberg überlebte. Im Herbst 1945 wurde der Hardenbergsche Grundbesitz dann durch die SBZ-Bodenreform enteignet, und noch vor der DDR-Gründung fasste die Gemeindevertretung den Beschluss, Neuhardenberg in Marxwalde umzubenennen. Es wurde eine LPG gegründet, Marxwalde wurde ein sozialistisches Musterdorf. Erst am 1. Januar 1991 wurde es wieder zu Neuhardenberg. Das Schloss wurde an die Familie von Hardenberg rückübertragen, von dieser dann an den Deutschen Sparkassen- und Giroverband verkauft, der es unter seiner Tochtergesellschaft Stiftung Schloss Neuhardenberg GmbH nach sorgfältiger und gelungener Restaurierung als Hotel und Veranstaltungsort betreibt. Hier wird ein ebenso ansprechendes wie anspruchsvolles kulturelles Programm geboten, das überregionale Strahlkraft besitzt. Das Erdgeschoss kann besichtigt werden, hier befindet sich eine Ausstellung zur Schlossgeschichte.

Info

Adresse: Schinkelplatz, 15320 Neuhardenberg | schlossneuhardenberg.de

Anfahrt: RB60 bis Wriezen, dann Bus 958 bis Neuhardenberg, Kirche | RB26 bis Seelow-Gusow, dann Bus 958 bis Neuhardenberg, Kirche

Gastronomie: Die gastronomische Auswahl ist recht beschränkt, zu empfehlen ist das Landgasthaus Brennerei, Schinkelplatz 1–8, 15320 Neuhardenberg.

36 Schloss Gusow

Schöne Fassaden

Schloss Gusow wirkt auf den ersten Blick wie die Kulisse zu einem Märchenfilm, und man möchte sich davon überzeugen, dass es nicht aus Holz und Pappmaché besteht. Das tut es nicht. Aber das Schloss ist leider nur von außen zu besichtigen und der Schlosspark recht verwahrlost.

Hier waren über die Zeiten gut betuchte Familien mit großen Namen ansässig: die Schapelows, die von Derfflingers, die von Podewils, unter denen das Schloss zu einer eingeschossigen Dreiflügelanlage mit Wassergraben ausgebaut wurde. Ab 1805 befanden sich die Rittergüter Gusow und Platkow im Eigentum einer Familie von Schönburg. Schloss Gusow diente mittlerweile als Jagd- und Sommeraufenthalt. Preußische Könige waren hier zu Gast, um ihrer Jagdleidenschaft zu frönen.

In den Jahren 1870–73 erhielt das Schloss nach einem Umbau seine heutige Gestalt im Stil der Neugotik. Die Entwürfe stammen vom Landbaumeister Ferdinand Neubart aus Wriezen, beteiligt war wohl auch der Potsdamer Hofbaumeister Moritz Wilhelm Gottgetreu. Die Dreiflügelanlage wurde um eine Etage aufgestockt und mit Elementen des Tudorstils überformt. Die Risalite sowie die Fronten der Seitenflügel bekamen Stufengiebel, der Giebel auf der Gartenseite wurde zusätzlich mit Fialen gekrönt und erhielt ein Erkerfenster. Den Ehrenhof flankieren an die Flügel gesetzte Treppentürmchen mit Spitzkegelhauben, in der Nordwestecke – zur Gartenseite – wurde der dreigeschossige Kemenaten- oder Uhrturm angebaut. Mit dem Wassergraben und der Bewallung macht die Anlage einen ebenso wehrhaften wie märchenhaften Eindruck.

1948 gelangte das Schloss samt Park in Gemeindebesitz und diente als Getreidelager, Geflügelrupfanstalt (!), Schule, Kindergarten, Unterkunft für Erntehelfer oder Sitz der Dorfverwaltung. 1992 wurde das Ensemble an privat verkauft, man zeigte eine Zeitlang noch eine Ausstellung von Zinnsoldaten und historischen Dioramen in den Schlossräumen. Inzwischen ist das Schloss leider nur noch von außen zu bewundern.

Info

Adresse: Schloßstraße 7, 15306 Gusow

Anfahrt: RB60 bis Wriezen, dann Bus 958 bis Gusow, Hauptstraße | RB26 bis Seelow-Gusow, dann Bus 958 Gusow, Hauptstraße oder 1.800 m Fußweg

Gastronomie: In Gusow gilt Rucksackverpflegung.

37 Schloss Trebnitz

Mehrmals auferstanden aus Ruinen

Neben kulturellen Veranstaltungen wie den Trebnitzer Schlossgesprächen wird in der ehemaligen Schlossremise das „Kaffee zum Glück“ als Deutschlands erste interkulturell-inklusive Juniorfirma von deutschen und polnischen Jugendlichen betrieben. Es ist viel los in diesem kleinen Dorf!

Die Ortsgeschichte von Trebnitz ist eine der Zerstörungen: 1432 machten die Hussiten den Ort dem Erdboden gleich, im Dreißigjährigen Krieg wurde Trebnitz mehrmals zerstört, und 1945 hinterließ die Rote Armee das Dorf in Trümmern. Also mussten die Trebnitzer ihr Dorf abermals neu errichten und zugleich für mehr als 500 Flüchtlinge aus dem Osten erweitern. Das taten sie.

Neben der sehenswerten neugotischen Dorfkirche, deren weiß verputztes Mauerwerk bei Sonne geradezu leuchtet, ist das Schloss mit seinem Park der bauliche Höhepunkt des 350-Seelen-Dorfes. Das Herrenhaus wurde erst 1904–10 unter Einbeziehung des alten Gutshauses erbaut, das barocke Erscheinungsbild ist also „neo". Aus dem verputzten zweigeschossigen Ziegelbau treten die mittleren fünf Achsen als Mittelrisalit hervor, ihm vorgelagert ist der von Säulen betonte Eingangsbereich. Der Dreiecksgiebel zeigt das Familienwappen der Familie von Brüneck, der das Gut von 1827 bis zur Enteignung 1945 gehörte. Seit 1992 nutzt ein Verein das Gebäude als Bildungs- und Begegnungsstätte für Kinder, Jugendliche und Erwachsene mit deutsch-polnischem Schwerpunkt. Der Träger ließ das Gebäude mit großer Unterstützung des Bundes, der Länder Nordrhein-Westfalen und Brandenburg, der Gemeinde Trebnitz und vieler anderer umfassend sanieren und in ein offenes Haus für internationale Begegnungen verwandeln.

Weitere erhaltene Bauwerke der alten Gutsanlage prägen das Ortsbild, etwa die Schmiede mit der Meierei, die Waschküche und die Stellmacherei. In einem ehemaligen Wirtschaftsgebäude hat das Gustav-Seitz-Museum seine Ausstellungsräume. Das bekannteste Werk dieses bedeutenden Bildhauers ist das Käthe-Kollwitz-Denkmal auf dem Kollwitzplatz in Berlin-Prenzlauer Berg.

Info

Adresse: Platz der Jugend 6, 15374 Müncheberg OT Trebnitz | schloss-trebnitz.de

Anfahrt: RB26 bis Trebnitz

Gastronomie: Das Kaffee zum Glück in der Schlossremise hat saisonal geöffnet und serviert gute regionale Küche, Kaffee und Kuchen, auch auf der Terrasse.

38 Schloss Steinhöfel

Der Traum des Hofmarschalls

Dieses hervorragende Beispiel preußischer Landbaukunst schufen die bedeutenden Architekten David und Friedrich Gilly für den Hofmarschall von Massow. Das Mustergut gefiel König Friedrich Wilhelm III. und der Königin Luise so gut, dass es zum Vorbild für Paretz wurde.

Das Schloss in Steinhöfel, etwa zehn Kilometer nordöstlich von Fürstenwalde, liegt etwas außerhalb des touristischen Fokus. Radfahr-Enthusiasten mag das Dorf ein Begriff sein, weil es am Oderbruchbahn-Radweg liegt, einem überwiegend asphaltierten und gut ausgeschilderten Radweg zwischen Fürstenwalde und Wriezen mit einem Abstecher nach Müncheberg. Auf einem kleinen Abschnitt des stillgelegten Schienennetzes der einstigen Oderbruchbahn, einer Kleinbahn, die vorwiegend landwirtschaftliche Güter transportierte, kann man heute Bahntrassenradeln betreiben.

Das ursprünglich frühklassizistische Schloss präsentiert sich nach Umbauten und Sanierung nicht mehr im Originalzustand und beherbergt seit 2002 ein Hotel mit Restaurant und Café, das aber in erster Linie für geschlossene Veranstaltungen wie Hochzeiten oder Tagungen genutzt wird und in der Regel nicht für Besucher geöffnet hat. Dennoch lohnt ein Besuch in Steinhöfel, denn neben dem hübschen Dorfkern ist vor allem der schöne und weitläufige Landschaftspark sehenswert – und öffentlich zugänglich. Er bietet zu jeder Jahreszeit immer wieder herrliche Ausblicke auf Wiesen, alte Bäume und den Teich und lädt zu Spaziergängen ein.

Das Gut Steinhöfel wurde von der Adelsfamilie von Wulffen anno 1730 erbaut, prägend sollte aber der Gestaltungswillen des späteren Besitzers Valentin von Massow werden. Von Massow war von 1792 bis 1809 Hofmarschall des preußischen Kronprinzen und späteren Königs Friedrich Wilhelm III. Als oberster Verwaltungsbeamter des kronprinzlichen und ab 1797 des königlichen Hofs hatte er alle wirtschaftlichen Einrichtungen unter sich und stand an der Spitze des Hofmarschallamts.

Das Gut Steinhöfel erwarb er bereits 1790, als er noch Kompaniechef des exklusiven Berliner Regiments Gendarmes war. Dort diente auch der Kronprinz, und da von Massow über einigen Kunstverstand verfügte, gehörte er bald zum engeren Kreis um Friedrich Wilhelm. Bis 1795 ließ von Massow die alte Herrenhausanlage in Steinhöfel umbauen. Dafür konnte er den renommierten Baumeister David Gilly gewinnen, der wiederum seinen Sohn Friedrich hinzuzog. So entstand ein Muster preußischer Landbaukunst im frühklassizistischen Stil. Das Herrenhaus war ein zweigeschossiger Putzbau mit zwei niedrigeren rückseitigen Flügeln. Das alte Wirtschaftsgebäude am Parkeingang wurde zu einer Bibliothek umgestaltet, die in ihrer Form an einen Tempel erinnert. Die übrigen Wirtschaftsgebäude wurden abgerissen, an ihrer Stelle entstand ein lang gestreckter Teich, der praktisch die Verlängerung des Dorfangers bildet. Eine malerische kleine Brücke überspannt das künstliche Gewässer. Den Eingang zum Schlosskomplex bewachen zwei Sphingen. Es sind Kopien nach Skulpturen des bedeutenden Bildhauers Johann Gottfried Schadow. Die Originale zierten einst die Berliner Herkulesbrücke in der Nähe des heutigen S-Bahnhofs Hackescher Markt.

Der Landschaftspark wurde wie das Schloss um 1795 geschaffen. Theodor Fontane, der Steinhöfel 1862 besuchte, beschreibt ihn als den „ersten Park hierlandes“, der den „Sieg des Natürlichen über das Künstliche, des Gebüsches über den ‚Poetensteig‘, des englischen oder, wie einige wollen, des altchinesischen Geschmacks über den französischen“ zeigt. Unter dem Einfluss der Gartenanlagen von Wörlitz und dem Neuen Garten in Potsdam entstanden, handelt es sich wirklich um einen der frühesten Landschaftsgärten in der Mark Brandenburg. Neben weiteren Staffagebauten gibt es im Park ein Denkmal für ein früh verstorbenes Kind aus der Familie von Massow sowie für zwei Pferde, die auch einem Oberleutnant von Massow gehörten: „Hurrah-Pardon“ und „Der Herzog“. Das Erbbegräbnis der Familie hingegen befindet sich auf dem Friedhof bei der Dorfkirche.

Etliche Jahrzehnte vor Fontane, im Jahr 1794, besuchte das Kronprinzenpaar Friedrich Wilhelm und Luise das von David Gilly gestaltete Massowsche Mustergut und war von dem Schloss so begeistert, dass es den Hofmarschall bat, Gilly für den Bau ihres Sommerparadieses Paretz (► Seite 98) zu gewinnen. Von Massow tat mehr als das: In seiner Funktion bei Hofe leitete er sogar den Bau.

Im Gegensatz zum Schloss hat sich das ebenfalls von David Gilly erbaute Alte Amtshaus am Dorfanger nahezu unverändert erhalten. Es diente seinerzeit als Verwaltungssitz für das Gut. Schräg gegenüber vom Amtshaus versprüht der charmante Dorfladen noch DDR-Flair. Auch ein kleiner Imbiss ist hier erhältlich, leider ist das Lädchen jedoch am Wochenende geschlossen. Wer Wegzehrung benötigt, muss sich selbst etwas mitbringen.

Info

Adresse: Schlossweg 4, 15518 Steinhöfel | schloss-steinhoefel.de

Anfahrt: RE1, RB25, RB26 bis Fürstenwalde/Spree, dann Bus 433 bis Steinhöfel, Dorf oder 9 km Fahrradtour

Gastronomie: Rucksackverpflegung!

39 Schloss Groß Rietz

Juwel jottwede

Knappe sechs Kilometer nördlich der Kreisstadt Beeskow liegt inmitten einer Feld- und Wiesenlandschaft das Angerdorf Groß Rietz. Sein zierliches Schlösschen gilt als einer der künstlerisch bedeutendsten Adelssitze in Brandenburg.

Zum ersten Mal urkundlich erwähnt wird der Ort 1394. Das „Groß" im Namen hat nichts mit Größe zu tun, sondern dient nur der Unterscheidung von Klein Rietz. In der Regel wurden mit „groß" die deutsche und mit „klein" die slawische Siedlung bezeichnet.

Bekannt ist Groß Rietz für sein Schloss, das zwischen 1693 und 1700 für Hans Georg von der Marwitz errichtet wurde, Hofmarschall unter König Friedrich I. Architekt war der bedeutende holländische Baumeister Cornelis Ryckwaert aus Utrecht. Er schuf ein symmetrisches zweigeschossiges Gebäude mit einem Walmdach, weiße Pilaster gliedern die rosafarbene Fassade. Auf der Hof- wie auf der Gartenseite tritt jeweils ein dreiachsiger Mittelrisalit mit Dreiecksgiebel aus der Fassade, auf der Gartenseite von Voluten gerahmt. Auf beiden Seiten führen Freitreppen zum Ehrenhof bzw. in den Park – einst eine barocke Anlage, die, wie so oft, zu Anfang des 19. Jahrhunderts in einen Landschaftsgarten umgestaltet wurde.

1790 erwarb Johann Christoph von Wöllner das Gut, Staatsminister unter Friedrich Wilhelm II. Als Gutsherr führte er moderne Methoden in der Landwirtschaft ein, um die Erträge zu steigern. Er ließ Obst- und Maulbeerbäume pflanzen, letztere für die Seidenraupenzucht. Ein heute noch sichtbarer quadratischer Karpfenteich wurde angelegt. Nach mehreren Besitzerwechseln gelangten Gut und Schloss wieder an die Familie von der Marwitz, die es bis zur Enteignung 1945 besaß. Nach der Bodenreform diente es unter anderem als Flüchtlingsunterkunft, als Schule und Kindergarten. Heute befindet sich das Schloss in Privatbesitz und kann nur von außen bewundert werden.

Info

Adresse: Nebenstraße 2, 15848 Rietz-Neuendorf OT Groß Rietz

Anfahrt: RE1 bis Fürstenwalde/Spree, dann Bus 403 bis Groß Rietz | RB36 bis Beeskow, dann Bus 403 bis Groß Rietz

Gastronomie: Gut und preiswert: Zum Alten Konsum, Beeskower Chaussee 33, 15848 Rietz-Neuendorf | Ländliche Küche: Gasthaus Zur Sonne, Beeskower Chaussee 11, 15848 Rietz-Neuendorf

Spreewald und Niederlausitz

40 Schloss Königs Wusterhausen

Tabak, Jagd und Braunbier

Hier lernte der künftige „Soldatenkönig“ Friedrich Wilhelm als Zehnjähriger das Regieren, hier hielt er sich am liebsten auf, um seiner Jagdleidenschaft zu frönen, und hier tagte auch das berühmte Tabakskollegium, bei dem Rauchzwang bestand.

Die Geschichte dieses Schlosses ist aufs Engste mit König Friedrich Wilhelm I. verknüpft. Als Zehnjähriger erhielt er am 24. Dezember 1698 Schloss und Güter Wusterhausen von seinem Vater Kurfürst Friedrich III., dem späteren ersten König in Preußen, zum Geschenk. In der Folge wurde Wusterhausen zu einer Art Versuchsfeld für den künftigen König, der hier seine Reformideen für eine moderne Verwaltung, für die Ökonomie und für das Militär entwickelte und ausprobierte – auch in Abgrenzung zum glänzenden, aber ruinösen Königtum seines Vaters.

Wie fast immer begann auch hier alles mit einer slawischen Siedlung. Sie lag nördlich des schwer passierbaren Übergangs über die Notte, einem linken Nebenfluss der Dahme. In der ersten Hälfte des 13. Jahrhunderts trafen deutsche Kolonisten auf dem Teltow ein und gründeten eine eigene Siedlung in der Notteniederung. Diese wird 1375 als „Dudeschen Wusterhusen", das slawische Dorf als „Wusterhuse slavica" bezeichnet, später Wendisch Wusterhausen. Deutsch Wusterhausen existiert bis heute als Name eines dörflichen Teils der heutigen Stadt. Königs Wusterhausen war seit 1718 der Name des königlichen Jagdschlosses und sollte sich im Laufe der Zeit als Bezeichnung für die ganze Ortschaft durchsetzen.

Das Schloss ist im Kern ein Renaissancebau des 16. Jahrhunderts vom Typus des Festen Hauses, was man dem recht massiven Baukörper auch noch deutlich ansieht. Der Große Kurfürst erwarb es 1683 und ließ einige Umbauten vornehmen, vor allem im Inneren, das nun im zeitgenössischen Barockstil ausgestaltet wurde. Über seinen Sohn kam es dann also an seinen Enkel Friedrich Wilhelm, der sich hier sehr gern aufhielt.

Bei seinem Regierungsantritt 1713 gab es außer dem Schloss und der Kirche nur zehn Wohnbauten und 80 Einwohner. Als Erstes wurde Wendisch Wusterhausen durch die Einrichtung einer Poststation aufgewertet. Als 1718 das Schloss als königliches Jagdschloss eingeweiht wurde, erfolgte die Umbenennung, und „Des Königs Wusterhausen" wurde zum Hauptort des Kirchspiels. Die große Patronatskirche aus Backstein, die heutige Kreuzkirche, hatte bereits der Große Kurfürst errichten lassen. In dieser Kirche

saß nun der Enkel und Nachnachfolger Friedrich Wilhelm beim sonntäglichen Gottesdienst allein mit seinem Hofstaat, was ihm aufs Äußerste missfiel. So erließ er den königlichen Befehl, die Bevölkerung der Nachbardörfer möge nach Königs Wusterhausen zum Gottesdienst kommen, was diese aber mit Widerstand quittierte: Sie kam nicht. Der König handelte: Er schickte Militär in die widerspenstigen Dörfer, und nach morgendlichem Trommelschlag wurden die Einwohner von Soldaten zum Gottesdienst nach Königs Wusterhausen begleitet – oder sollte man sagen: abgeführt?

In Königs Wusterhausen gründete Friedrich Wilhelm I. 1709 sein berühmtes Garderegiment, die Langen Kerls, und hier führte er auch das legendäre Tabakskollegium ein, das aber, entgegen landläufiger Ansicht, nicht nur hier, sondern überall dort „tagte", wo sich der König gerade aufhielt. In dieser fast allabendlichen Männerrunde gab er sich wenig zeremoniell – heute würde man vielleicht sagen: casual. Zu der Runde waren auch Bürgerliche zugelassen, auf deren Kosten der König so manchen derben Scherz trieb. Es wurden politische, wirtschaftliche oder auch wissenschaftliche Fragen diskutiert – und aus langen Pfeifen Tabak geraucht. Auch die Nichtraucher mussten rauchen. Getrunken wurde Bier, vorzugsweise Braunbier, das der König dem Wein vorzog, weil es billiger war (und dessen übermäßiger Genuss später einer seiner Sargnägel werden sollte). Er ging auf Parforcejagd und erklärte 1726 das wildreiche Waldgebiet zwischen Wusterhausen, Neue Mühle, Senzig und Zeesen zum Königlichen Tiergarten. Teile davon bestehen bis heute und können auf schönen Waldwegen durchwandert werden.

Der König liebte sein Wusterhausen – seine Kinder, vor allem Kronprinz Friedrich, langweilten sich hier zu Tode. Kein Wunder also, dass Friedrich II. das Anwesen später vernachlässigte. Erst Kaiser Wilhelm I. ließ das Schloss restaurieren und zugleich modernisieren: Wasserleitungen und eine Warmluftheizung wurden eingebaut sowie ein Badezimmer eingerichtet. 1863 fand wieder eine Hofjagd statt. Kaiser Wilhelm II. folgte diesem Beispiel: 1888 zog er als neuer Schlossherr mit großem Gefolge ein. Auch er liebte die Jagd und kam oft hierher.

1927 übernahm die Preußische Schlösserverwaltung das Schloss, ab 1943 diente es als Auslagerungsdepot für die Kunstwerke aus dem Berliner Schloss Monbijou. Nach dem Zweiten Weltkrieg zog die Sowjetische Militäradministration ein. Bis 1965 war eine sowjetische Nachrichteneinheit im Schloss stationiert, danach nutzte der Rat des Kreises die Räume.

Heute gehört das Schloss als Museum zur Stiftung Preußische Schlösser und Gärten Berlin-Brandenburg. Die Räume vermitteln einen authentischen Eindruck von den Lebenswelten in der ersten Hälfte des 18. Jahrhunderts. Hier werden auch die 40 von Friedrich Wilhelm I. eigenhändig gemalten Bilder ausgestellt – wer hätte gedacht, dass der seinem künstlerischen Sohn Friedrich gegenüber so grobe „Soldatenkönig" selbst der Kunst frönte? Der von starken Gichtanfällen geplagte Regent signierte die meisten seiner Werke mit *F:W: in tormentis pinxit* („unter Schmerzen gemalt").

Info

Adresse: Schlossplatz 1, 15711 Königs Wusterhausen | spsg.de/schloesser-gaerten

Anfahrt: RB, RE oder S8, S46 bis Königs Wusterhausen

Gastronomie: Stilvoll speist man im Schlossrestaurant KavalierHäuser, auch Kaffee und Kuchen wird angeboten: Schlossplatz 1, 15711 Königs Wusterhausen.

41 Schloss Lübben

Am Tor zum Spreewald

Das Schloss, heute Sitz des Stadt- und Regionalmuseums und der Stadtbibliothek, ist aus einer alten Wasserburg hervorgegangen, und wer genau hinschaut, erkennt noch ein Überbleibsel der Burg. Unbedingt sehenswert ist der Wappensaal. Und zum Spreekahn-Hafen ist es nicht weit!

Am Übergang zwischen Ober- und Unterspreewald liegt die Kreisstadt Lübben. 1150 wird hier erstmals eine Wasserburg erwähnt, die an der Stelle einer slawischen Ringwallanlage errichtet wurde. Zu der Zeit begann wohl auch der planmäßige Bau einer Stadt, die Anfang des 13. Jahrhunderts das Magdeburger Stadtrecht verliehen bekam. Ihre Bedeutung wuchs im Lauf der Zeit durch ihre Lage an der wichtigen Handelsstraße von Frankfurt (Oder) nach Leipzig. Als Tor zum Ober- und Unterspreewald bezeichnet die Kreisstadt Lübben sich auch heute noch.

Das Schloss Lübben entstand an der Stelle der alten Wasserburg und damit außerhalb der Stadtmauer, von der sich bis heute beeindruckende Reste erhalten haben. Von Wasser umflossen ist es nicht mehr, eine Schlossinsel Lübben gibt es dennoch. Die liegt südlich des Schlossensembles und bietet Platz für einen großen, grünen Park mit zahlreichen originellen Spielangeboten für Kinder, darunter ein toller Wasserspielplatz mit Plansch- und Erfrischungsmöglichkeiten.

Die Baugeschichte des Schlosses mit ihren vielen Veränderungen lässt sich recht gut am Außenbau ablesen: Der älteste Teil ist der Wohn- und Wehrturm, der wohl im Kern aus dem Spätmittelalter stammt und immerhin zweieinhalb Meter dicke Mauern aufweist. Um 1668 wurde er verändert: Er erhielt neue Fenster, wurde verputzt, die Ecken versah man mit sogenannter Eckrustika und setzte ein Fachwerkgeschoss auf: die herzogliche Wohnung. Sie wurde 1914/15 abgerissen und gegen das noch heute vorhandene Mansardwalmdach ausgetauscht.

Im Innern des Wohn- und Wehrturms befindet sich seit 1915 der sehenswerte Wappensaal. An den Wänden präsentieren sich die Wappen der Niederlausitzer Stände

neben einem großen Historiengemälde des zu Lebzeiten gefeierten und inzwischen weitgehend vergessenen Malers und Mosaikkünstlers August Oetken (dem übrigens auch die Deckenmosaike im Grunewaldturm und die Kaiserloge der Gedächtniskirche zu verdanken sind).

In der Zeit, da die Niederlausitz der böhmischen Krone unterstand, war Lübben Sitz eines Landvogts, der als höchster Vertreter des Landesherrn wichtige Verwaltungsfunktionen ausübte. Als der Landvogt Bohuslav Felix von Lobkowitz und Hassenstein um die Mitte des 16. Jahrhunderts sein Amt antrat, muss sich das Schloss in einem erbarmungswürdigen Zustand befunden haben, denn er beklagte, kein Zimmer zum Wohnen vorgefunden zu haben. Aber irgendwo muss er gewohnt haben, denn das Amt des Landvogts bekleidete er von 1556 bis 1570. Er war ein humanistisch gebildeter Adliger, der Bücher nicht nur sammelte, sondern auch selbst verfasste: in lateinischer Sprache. (Der Adelsfamilie Lobkowitz gehörte übrigens ab 1753 das Palais Lobkowitz in Prag, das seit 1974 Sitz der deutschen Botschaft ist.)

Landvogt Lobkowitz ließ wesentliche Teile des heutigen Schlosses erbauen. Sein „Chef“ Maximilian von Luxemburg war 1562 in Prag zum böhmischen König und in Frankfurt/Main zum römisch-deutschen König gekrönt worden, im Juli 1563 zum König von Ungarn und 1564 zum Kaiser des Heiligen Römischen Reiches Deutscher Nation. Als er Lübben einen Besuch abstattete, um sich von den Ständen der Niederlausitz huldigen zu lassen, fand er ein repräsentatives Gebäude vor.

Im Dreißigjährigen Krieg wurden Lübben und Umgebung mehrmals von plündernden und brandschatzenden Truppen wechselnder Kriegsherren und -parteien heimgesucht, auch das Schloss erlitt erhebliche Schäden. Nach dem Prager Frieden von 1635 wurde die albertinische Linie der Wettiner mit den Markgraftümern Nieder- und Oberlausitz belehnt. Diese blieben zwar territorial selbstständig, allerdings war der Kurfürst, später der König von Sachsen, zugleich Markgraf der beiden Lausitzen. Unter Herzog Christian I. von Sachsen-Merseburg wurde Lübben Sitz der Regierung der Niederlausitz. Das beschädigte Schloss wurde weitestgehend abgetragen, der alte Turm war erhalten geblieben. Südlich des Turms entstand 1679–82 das Oberamtshaus. Der dreigeschossige Bau wurde auch aus Backstein errichtet, allerdings mit Putz versehen. Auffallend ist der schöne Schweifgiebel aus der Spätrenaissance an der östlichen Seite. 1899 wurde das Amtshaus um drei Achsen erweitert und bekam einen Balkon nach Süden. Zum Schlossensemble gehört auch ein Marstall, der wohl ebenfalls unter Christian I. erbaut wurde, um das wichtigste Verkehrsmittel der Zeit unterzubringen: das Pferd.

Seit 2001 ist das Stadt- und Regionalmuseum Lübben im Schloss angesiedelt. In einer interaktiven und familienfreundlichen Dauerausstellung zeigt es Exponate der regionalen Kulturgeschichte sowie der sorbischen/wendischen Bevölkerung. Außerdem gibt es immer wieder interessante Sonderausstellungen.

Info

Adresse: Ernst-von-Houwald-Damm 14, 15907 Lübben/Spreewald | luebben.de/stadt-luebben/de/stadtleben/kultur/museum-schloss-luebben

Anfahrt: RE2, RE7 bis Lübben, dann Bus 472, 500, 507 bis Lübben, Am Spreeufer oder Bus 506, 511 bis Lübben, An der Kupka

Gastronomie: Mediterrane, Spreewälder und saisonale Speisen sowie hausgemachte Kuchen in gemütlichem Ambiente oder im lauschigen Nussbaumgarten: Altes Gärtnerhaus, Ernst-von-Houwald-Damm 6, 15907 Lübben/Spreewald | Spreewälder Spezialitäten und schön rustikal: Spreewaldrestaurant Bubak, Ernst-von-Houwald-Damm 9, 15907 Lübben/Spreewald

42 Schloss Lübbenau

Ein Schloss von italienischem Adel

Lübbenau ist das Touristenzentrum des Spreewalds und geeigneter Ausgangsort für Besuche im nahegelegenen Spreewald-Freilichtmuseum in Lehde. Das klassizistische Schlossgebäude dient heute als Hotel, doch der neun Hektar große Schlosspark ist öffentlich zugänglich.

Lübbenau ist eng mit dem Namen der Familie Lynar verbunden, einer ursprünglich aus Norditalien stammenden Adelsfamilie. Der bekannteste Spross dürfte wohl Rocco Guerrini Conte di Linari, zu deutsch Rochus Quirinus Graf zu Lynar sein, der sich seinen Ruhm vor allem als Festungsbaumeister erwarb: Er entwarf etwa die Zitadelle von Metz oder die Wülzburg in Bayern, außerdem vollendete er die Zitadelle Spandau. Auch am Berliner Stadtschloss war er tätig. Seine Schwiegertochter erwarb nach dem Tod ihres Mannes 1621 die Standesherrschaft Lübbenau, und bis 1918 blieb die Herrschaft im Besitz der Grafen zu Lynar. Zwei Denkmäler ehren die Familie noch heute: Im Eingangsbereich zum Schlossbezirk stellt die Skulptur eines Mannes in Rüstung den Festungsbaumeister Rochus zu Lynar dar, und es gibt eine Gedenktafel für Wilhelm Graf zu Lynar. Er zählte zu den Verschwörern des Hitlerattentats vom 20. Juli 1944 und wurde in Plötzensee hingerichtet.

Schon im Mittelalter war Lübbenau ein bedeutender Adelssitz, allerdings war der Ort lange Zeit so abgeschnitten, dass er nie eine Stadtbefestigung erhielt. Das Schloss entstand an der Stelle einer alten, möglicherweise slawischen Wasserburg um 1600 als Renaissancebau. Sein heutiges klassizistisches Aussehen erhielt es erst durch einen Umbau in den Jahren 1817–20 unter dem Dresdner Architekten Carl August Benjamin Siegel. Er schuf eine ungewöhnliche Zweiflügelanlage, bei der die Flügel sich in einem stumpfen Winkel zur Hofseite und einer großen Wiese öffnen. Auch die 1820 errichtete Orangerie stammt von ihm.

1850 wurden Schlossteiche mit idyllischen Brücken und ein verschlungenes Wegenetz angelegt, und der Park lädt mit seinen gepflegten Wiesen und dem alten Baumbestand zum Spaziergang ein.

Info

Adresse: Schlossbezirk 6, 03222 Lübbenau/Spreewald | schloss-luebbenau.de

Anfahrt: RE2, RE7 bis Lübbenau

Gastronomie: Zahlreich. Z. B.Traditionsgaststätte (seit 1879) mit Biergarten: Zum grünen Strand der Spree, Dammstraße 77, 03222 Lübbenau/Spreewald

43 Schloss Branitz

Fürst Pücklers Meisterstück

Schloss und Park Branitz sind ein Gesamtkunstwerk. Vor allem der Park gehört zu den bedeutendsten Anlagen Europas. Bekannt sind vor allem die beiden Pyramiden – in der Seepyramide fanden Fürst Pückler und seine Ex-Frau Lucie ihre letzte Ruhestätte.

Wer Branitz sagt, muss auch Fürst Pückler sagen, genauer: Hermann Ludwig Heinrich Fürst von Pückler-Muskau, der keineswegs das dreischichtige Fürst-Pückler-Eis erfunden hat! Denn das stammt vom Königlich-Preußischen Hofkoch Louis Ferdinand Jungius, der einige Zeit als Koch auf Schloss Muskau tätig war und seine Eiskreation dem Fürsten widmete. Fürst Pücklers eigenes Werk sind hingegen seine Parkkreationen. Und er setzte sich auch theoretisch mit Fragen der Landschaftsarchitektur auseinander, so in seinem einflussreichen Werk von 1834 mit dem leicht sperrigen Titel *Andeutungen über Landschaftsgärtnerei verbunden mit der Beschreibung ihrer praktischen Anwendung in Muskau*.

Pückler, geboren 1785, verfolgte nach einem Studienabbruch eine militärische Karriere, bei der er es bis zum Generalleutnant brachte. Er reiste gern und viel durch die Welt – von einer dieser Reisen brachte er aus Karthum die erst zwölfjährige Mätresse Machbuba mit. Er verschuldete sich, suchte auf Anraten seiner Ehefrau reiche Frauen, um seine Schulden loszuwerden, und er gilt als der erste deutsche Schriftsteller, der Papier für Durchschläge benutzte. Der Mann war also vielseitig, umtriebig, ein Salonlöwe, der einen großen Freundeskreis unterhielt und mit vielen bedeutenden Künstlern und Schriftstellern bekannt war. All seinen Eskapaden zum Trotz wurde er 1822 von König Friedrich Wilhelm III. in den Fürstenstand erhoben. Er starb 1871 im Alter von 86 Jahren in Branitz.

Dort, wo er 1785 das Licht der Welt erblickt hatte, auf der Oberlausitzer Standesherrschaft Muskau, schuf er seinen ersten Landschaftsgarten, der heute seinen Namen trägt: Fürst-Pückler-Park Bad Muskau. Er gilt als größter Landschaftsgarten Zentraleuropas im englischen Stil und liegt heute zum Großteil auf polnischem Gebiet östlich der Neiße. Für den preußischen Prinzen Wilhelm und seine Frau Augusta übernahm Pückler 1843 die landschaftsgärtnerische Gestaltung des Schlossparks Babelsberg (▸ Seite 92).

Erst nachdem Pückler in finanzielle Schwierigkeiten geraten war und die Standesherrschaft Muskau 1845 hatte verkaufen müssen, siedelte er auf seinen Erbbesitz Branitz über, heute Teil der Stadt Cottbus. Das alte Sackgassendorf in der Spreeaue befand sich seit 1696 im Besitz der Grafen Pückler, erst 1785 war der Familienstammsitz nach Muskau verlegt worden. Und auch hier verwirklichte Hermann von Pückler seine kreativen Ideen.

Das spätbarocke Schloss aus den Jahren 1770/71, das für August Heinrich Graf von Pückler errichtet worden war, ließ der Fürst ab 1846 umbauen, wobei das Äußere des Gebäudes nur wenig verändert wurde. Bedeutende Architekten der Berliner Bauakademie wirkten mit. Die Hofseite glänzt durch den mittels Stukkaturen hervorgehobenen dreiachsigen Mittelrisalit, durch das Portal über der Freitreppe sowie den Dreiecksgiebel mit dem Wappen des Bauherrn und einer Inschrift. Zur Gartenseite, wo sich das Schloss effektvoll in einem Teich spiegelt, findet man zwei Stummelflügel und ebenfalls einen dreiachsigen Mittelrisalit unter einem Segmentbogengiebel mit Pücklerschem Wappen. Die Innenausstattung stammt vom berühmten Architekten Gottfried Semper und ist zumindest im Erdgeschoss weitgehend erhalten.

Zeitgleich mit dem Schlossumbau widmete Pückler sich der Neugestaltung des Schlossparks. Er schuf einen englischen Landschaftsgarten, der als Gesamtkunstwerk aus einzelnen, individuell gestalteten Bereichen besteht. Der Pleasureground, für den Pückler einen Pergola-Garten an der Eingangsseite des Schlosses anlegen ließ, wurde mit Blumenrabatten, Ziergehölzen und Plastiken ausgestattet, am Rand befindet sich eine Rosenlaube. Nach Süden hin öffnet sich der Pleasureground zu einer weitläufigen Parkanlage. Das anmutige Landschaftsprofil aus Erhebungen, Senken und Gewässern ist voll-

Der Blaue Salon macht seinem Namen alle Ehre.

kommen künstlich geschaffen mit dem Ziel, eine natürlich wirkende Ideallandschaft darzustellen. Für die Anlage wurden große Mengen an Mutterboden herangeschafft, um den eigentlich ungünstigen sandigen Untergrund für die Bepflanzung vorzubereiten. Bemerkenswert ist auch, dass es Pückler gelang, ausgewachsene Bäume in den Park zu verpflanzen, womit sich von Anfang an die gewünschten landschaftlichen Effekte erzielen ließen. Als weiteres Highlight wurden zwei begrünte Pyramiden geschaffen, die Land- und die Seepyramide. In Letzterer, die sich malerisch im Wasser spiegelt, sind der Fürst und seine (Ex-)Frau Lucie auch begraben.

Die Seepyramide im Park

Heute beherbergt das Schloss ein Museum, in dem man sich in die stilvolle Welt des Fürsten begeben kann und Interessantes zu seinem Leben und Werk erfährt. Außerdem wird die wertvolle Carl-Blechen-Sammlung der Stadt Cottbus in den Fürstenzimmern und im Chamois-Zimmer präsentiert. Weitere Gebäude des Ensembles sind der Marstall und das Kavaliershaus, die ehemalige Schmiede und das Gewächshaus sowie das Inspektorenwohnhaus.

Info

Adresse: Robinienweg 5, 03042 Cottbus OT Branitz | pueckler-museum.de

Anfahrt: RE2 bis Cottbus, dann Bus 10 bis Schloss Branitz

Gastronomie: Elegantes deutsches Restaurant mit Parkblick: Cavalierhaus, Zum Kavalierhaus, 03042 Cottbus OT Branitz

44 Schloss Klein Loitz

Zu Besuch bei einer Diva

Weder das Örtchen Klein Loitz noch der hier ansässige Adel spielten jemals eine bedeutende Rolle in der brandenburgischen Geschichte. Nach Zweckentfremdung und Leerstand drohte sogar der Verfall. Doch heute huldigt man hier einem echten Weltstar: der Schauspielerin Romy Schneider.

Im Süden Brandenburgs, am Rand des Naturschutzgebiets Reuthener Moor, ungefähr auf halbem Weg zwischen Forst und Spremberg, liegt das kleine Dorf Klein Loitz, niedersorbisch Łojojc, als Windischen Luge 1527 erstmals urkundlich erwähnt. Das Herrenhaus existiert vermutlich seit etwa 1620.

1888 kaufte ein Georg Hans von Glisczinski für sich und seine Frau Bertha das Rittergut Klein Loitz, auf dem er 1917 starb. Ihm verdankt sich der Anbau eines Turms sowie das Anbringen des Wappens derer von Glisczinski im Stuck über der Tür.

1945 wurde das Gut enteignet. In Klein Loitz entstand eine LPG mit dem Namen „Friedenstaube“, deren Verwaltung ins Gutshaus zog. Das neogotische Erscheinungsbild des Schlosses wurde damals vollkommen entstellt. Es diente als Kindergarten, Dorfkonsum, Kino. Einige Zeit gab es ein Restaurant, ab 2010 stand das Gebäude leer.

Heute befindet sich im Schloss ein – man höre und staune – Romy-Schneider-Museum. Zwar war die Schauspielerin niemals in Klein Loitz, doch auf der Suche nach geeigneten Räumlichkeiten für eine Ausstellung über ihr künstlerisches Lebenswerk stieß der Verein Institut Romy Schneider Archiv & Museum e.V. auf das leer stehende Herrenhaus. Und so ist es dem Verein zu verdanken, dass 2019 neues Leben nach Klein Loitz zog. Das Museum informiert über Biografie und Werk Romy Schneiders, daneben werden auch andere Künstlerinnen und Künstler präsentiert. Außerhalb des Schlosses strahlt eine schneeweiße Statue, die Romy Schneider in ihrer berühmtesten Rolle als Kaiserin Sissi darstellt, ferner kann man eine über hundert Jahre alte Dorf-Uhr bewundern, und einen kleinen Schlosspark gibt es auch.

Info

Adresse: Schlossbezirk 3, Reuthener Straße 38, 03130 Felixsee OT Klein Loitz | schloss-klein-loitz.com

Anfahrt: RB65 bis Spremberg, dann Bus 885 bis Wadelsdorf, Schule

Gastronomie: Im Museum lädt das Kaffeehaus Romy nach dem Besuch zu Kuchen und Kaffee aus der biedermeierlichen Sammeltasse.

45 Schloss Spremberg

Innen Heidemuseum, außen Freilichtmuseum

Schloss Spremberg wurde im 16. Jahrhundert als Sommerresidenz für Herzog Heinrich von Sachsen-Merseburg errichtet. Hinter dem Schloss erstreckt sich heute noch ein Park mit wertvollem Baubestand, einem großen Teich und einem Freilichtmuseum.

Spremberg, auf Sorbisch Gródk, war der Mittelpunkt der Niederlausitzer Herrschaft Spremberg, die im Wesentlichen aus der Stadt und ein paar Dörfern drum herum bestand, also weder mit Größe noch Bedeutung punkten konnte. Burg und Stadt werden 1301 erstmals erwähnt, sind aber mit Sicherheit älter. Als einer der vielen wechselnden Eigentümer der Herrschaft soll nur Landvogt Bohuslav Felix von Lobkowitz und Hassenstein erwähnt werden, weil er auch beim Schloss Lübben (▸ Seite 180) eine Rolle gespielt hat.

Schloss Spremberg geht auf eine Wasser- und Sumpfburg aus dem 13. Jahrhundert zurück, die zum Schutz eines wichtigen Spreeübergangs angelegt worden war. Im 16. Jahrhundert erfolgte dann der Ausbau durch den zweigeschossigen Nordflügel, ein Jahrhundert später wurden zwei dreigeschossige Flügel im Osten und im Westen geschaffen, sodass eine Vierflügelanlage entstand. Die Flügel wurden mittels einer hölzernen Galerie auf der Hofseite miteinander verbunden.

Im Schloss befindet sich seit 1997 das Niederlausitzer Heidemuseum, die Ausstellung widmet sich der Beziehung von Mensch, Landschaft und Kultur in der vom Braunkohleabbau geprägten Region. Auch über den 1912 in Spremberg geborenen Schriftsteller Erwin Strittmatter wird informiert. Im Park dient ein originaler wendischer Bauernhof mit Wohn-Stallhaus, Ziehbrunnen, Scheune, Backhaus, Taubenständer und Bienenwagen als Freilichtmuseum. Ebenfalls im Schlosspark befindet sich ein Lapidarium, die hier präsentierten Einzelstücke stammen aus dem Dörferabriss durch den Braunkohleabbau. Das Heidemuseum lädt ein zu Veranstaltungen wie Ostermarkt, Museums- oder Herbstfest.

Info

Adresse: Schlossbezirk 3, 03130 Spremberg | heidemuseum.de

Anfahrt: RB 65 bis Spremberg, dann Bus 872, 880, 885 bis Spremberg, Schloßstraße oder 1.500 m Fußweg

Gastronomie: Herzhafte Küche, frischen Fisch, aber auch vegetarische/vegane Kost mit Blick auf den Schwanenteich bietet die Gaststätte Schweizergarten, Am Schweizergarten 19, 03130 Spremberg.

46 Schloss Fürstlich Drehna

Wasserburg im Grünen

Schloss Fürstlich Drehna zeigt bis heute den wehrhaften Charakter einer alten Wasserburg, denn noch immer ist es von einem wassergefüllten Graben umgeben und nur über zwei Brücken zu erreichen. Dadurch entsteht das besondere Flair dieser Anlage, doch auch der umgebende Park ist wunderschön.

Fürstlich Drehna, heute ein Dorf mit nicht einmal 300 Einwohnern und seit dem 31. Dezember 1999 nach Luckau eingemeindet, liegt im Süden der Niederlausitz und im Lausitzer Braunkohlerevier – im konkreten Fall am Rande des Tagebaus Schlabendorf-Süd, mit dessen Aufschluss 1973 begonnen wurde und der die Kraftwerke Lübbenau und Vetschau bis 1991 mit Kohle versorgte. Der Drehnaer See ist daher kein natürlicher See, sondern ein rekultivierter Tagebau. Als Drehna 1301 erstmals urkundlich erwähnt wurde, gab es den See also noch nicht, wohl aber eine Wasserburg. Ursprünglich bestand der Bau aus drei getrennten Gebäuden, dem heutigen Ostflügel sowie zwei einzeln stehenden Wohnbauten; im 15. Jahrhundert wurden die Gebäude dann miteinander verbunden. Ab dem 14. Jahrhundert war Schloss Drehna der Sitz der Herrschaft, später Standesherrschaft Drehna; dabei handelte es sich um eine kleine Adelsherrschaft im Luckauischen Kreis der sächsischen Markgrafschaft Niederlausitz.

1815 kam Drehna dann zu Preußen. Zu diesem Zeitpunkt befand sich die Standesherrschaft im Besitz der Familie Lynar: Graf Moritz Ludwig Ernst zu Lynar hatte sie 1793 gekauft. Der Herr war kursächsischer Geheimer Rat und Landeshauptmann der Niederlausitz, er wurde 1806 in den Fürstenstand erhoben, und 1807 benannte er den Ort Deutsch Drehna in Fürstlich Drehna um. Auf dem Friedhof des Dorfs findet man heute noch eine Grabstätte für Friederike Juliane Gräfin zu Lynar, geborene von Ranzau-Brahesburg.

1521 wurde Drehna Besitztum des Caspar I. von Minckwitz; die Minckwitz sind eine Adelsfamilie, die aus dem Osterland stammt, einer Landschaft zwischen dem heutigen Ostthüringen, Westsachsen und der Saale-Unstrut-Region in Sachsen-

Anhalt. Unter Caspar I. kamen die drei Bauteile des Schlosses Drehna unter ein Dach. Das Geschlecht derer von Minckwitz hat auch einen Raubritter zu bieten, Nicolaus oder auch Nickel von Minckwitz, einen Bruder von Caspar. In die Geschichte ging er mit der Minckwitzschen Fehde ein. Die Geschichte in Kürze: Der Bischof von Lebus, der in Fürstenwalde residierte, wollte einem Freund Nickels keine Unterstützung gegen einen aufsässigen Schäfer und dessen Anhänger gewähren; daraufhin belagerte Nickel gemeinsam mit zwei Kumpanen 1528 die Stadt Fürstenwalde. Der Bischof floh und suchte Schutz beim brandenburgischen Kurfürsten Joachim I., auch Nestor der Gerechte genannt, weil er gegen das Fehdewesen vorging. Nickel wurde inhaftiert, gegen Auflagen entlassen, begab sich auf die Flucht, konnte sich mit seinen früheren Kontrahenten aussöhnen, bat den Kurfürsten auf Knien um Verzeihung und auch den Bischof von Lebus um Abbitte. Damit war die Sache gegessen. Drehna wurde nicht in die Auseinandersetzungen hineingezogen, dafür aber Sonnewalde (► Seite 198).

Schloss Drehna wurde im Dreißigjährigen Krieg schwer beschädigt, danach wieder instand gesetzt und ausgebaut. Die Besitzer wechselten, alle nahmen kosmetische Reparaturen und Ergänzungen vor, aber der wehrhafte Charakter der (inzwischen) Vierflügelanlage blieb erhalten – und genau das macht den heutigen Reiz aus. Noch immer ist das Schloss von einem Wassergraben umgeben.

Nachdem das Gut in den Besitz der Familie zu Lynar gelangt war, wurde um 1807 der Schlosspark angelegt, der ab 1819 unter Mitwirkung von Peter Joseph Lenné zu einem Landschaftsgarten erweitert und 1877 noch mal vergrößert wurde: Der sogenannte Äußere Park entstand, der leider in den 1970er-Jahren teilweise dem Tagebau weichen musste. Der reduzierte Park wurde später um zwölf Hektar rekultivierte Tagebaurückgabefläche erweitert. Unter der Leitung des Gartenarchitekten Helmut Rippl entstand so ein interessanter neuer Parkteil. Der alte Teil wurde sorgfältig saniert, und heute ist der Schlossgarten eine attraktive öffentliche Parkanlage mit schönem Wegenetz, altem Baumbestand und einem beachtlich großen Schlossteich.

Zum Ensemble von Schloss und Gut gehört auch der dreieckige Lindenplatz vor dem Schlossgraben. Erhalten sind außerdem ein Wirtschaftshof und das ehemalige Amtshaus mit Pferdestall sowie die historische Brauerei, die heute als Gaststätte dient.

Ab 1877 gehörte das Schloss der Bremer Reederfamilie Wätjen, die mit ihrer Firma H. Wätjen und Co. die weltweit größte private Segelschiffsreederei betrieb. Am 20. April 1945 drangen Soldaten der Roten Armee ins Schloss ein und plünderten es; die letzte Besitzerin floh nach Bremen. Zu DDR-Zeiten diente das Schloss zunächst als FDGB-Schule, dann als Jugendwerkhof, ab 1986 stand es leer. Heute beherbergt der umfassend sanierte Bau ein exklusives Hotel.

Info

Adresse: Lindenplatz 8, 15296 Luckau OT Fürstlich Drehna | ravdo-hotels.de/hotels/schlosshotel-fuerstlich-drehna

Anfahrt: RE10 bis Finsterwalde, dann Bus 598 bis Fürstlich Drehna, Gasthaus

Gastronomie: Feinste Braukunst seit 1745 findet man in der Brauerei Fürstlich Drehna, Lindenplatz 10, 15926 Luckau OT Fürstlich Drehna. |
Regionale und saisonale Küche, auch mit Wild und Fisch, serviert der Gasthof Zum Hirsch, Crinitzer Straße 2, 15296 Luckau OT Fürstlich Drehna.

47 Schloss Sonnewalde

Nickel, der Aufmüpfige

Sonnewalde, 1517: Nickel von Minckwitz führt als einer der ersten Adligen den lutherischen Glauben in seiner Herrschaft ein und provoziert damit den sächsischen Kurfürsten und den böhmischen König. Bald darauf ist er sein Lehen los und Sonnewaldes Auftritt auf der Bühne der Weltgeschichte wieder vorbei.

Die Ortsgeschichte von Sonnewalde wird interessant, als 1481 die Familie Minckwitz den Besitz erwarb. Nickel von Minckwitz führte 1517 als einer der ersten Adligen den lutherischen Glauben ein, womit die kleine Herrschaft plötzlich ins Licht der Weltgeschichte trat, denn dieser Schritt rief den sächsischen Kurfürsten und den böhmischen König auf den Plan. Da der aufsässige Nickel sich weiterhin durch die Minckwitzsche Fehde (▸ Seite 196) unbeliebt machte, musste er Sonnewalde bald wieder verkaufen. Und zwar an die Familie zu Solms, ein bis heute bestehendes Hochadelsgeschlecht aus Mittelhessen, in deren Besitz das Schloss bis zur Enteignung 1945 blieb.

Das Renaissanceschloss der Grafen zu Solms fiel 1949 in großen Teilen einem Brand zum Opfer, erhalten haben sich nur die Keller sowie die Ruine eines Rundturms aus Backstein. Die Überreste des Vorderschlosses, eines stark befestigten Wirtschaftshofs, wurden aber ab 1991 restauriert, und so kann man heute wieder das zweigeschossige Torhaus mit einem hübschen Schweifgiebel und einer plastisch gestalteten Toreinfahrt sowie einige Nebengebäude und Stallungen bewundern. Ein Heimatmuseum informiert in etwa 20 Räumen über die Stadtgeschichte, kann aber leider nur nach Anmeldung besucht werden. Auch Führungen sind nach Vereinbarung möglich.

Hinter dem Schloss erstreckt sich ein Landschaftspark mit altem Baumbestand und einem Wanderweg mit maßstabsgerechten Planetenmodellen. So kann man auf wenigen Kilometern den schönen Schlosspark und ganz nebenbei das Sonnensystem durchwandern.

Info

Adresse: Schloßstraße 21, 03249 Sonnewalde | museum-schlossareal-sonnewalde-ev.de

Anfahrt: Mit ÖPNV nur umständlich und nur wochentags zu erreichen: RE2 bis Lübben, dann Bus 472 bis Luckau Busbahnhof, dann Bus 595 bis Sonnewalde, Schule | RB43 bis Finsterwalde, dann Bus 595 bis Sonnewalde, Schule

Gastronomie: Zu empfehlen ist die Bäckerei Bubner am Markt, die auch am Wochenende geöffnet hat, allerdings nur bis mittags: Markt 35, 03249 Sonnewalde.

48 Schloss Finsterwalde

Blickfang in der Altstadt

Schloss Finsterwalde hat sich im Wesentlichen sein Renaissance-Erscheinungsbild aus dem 16. Jahrhundert bewahrt. Als Sitz der Stadtverwaltung kann es allerdings nicht von innen besichtigt werden. Doch auch zum schönen Schlosspark hin entfaltet die imposante Residenz ihren Reiz.

Finsterwalde ist mit knapp 20.000 Einwohnern die bevölkerungsreichste Stadt im Landkreis Elbe-Elster. Zu Anfang des 13. Jahrhunderts entstand hier eine deutsche Sumpfburg an der Salzstraße von Torgau nach Breslau. Salz war wertvoll nicht nur als Würz-, sondern vor allem als Konservierungsmittel, daher war der Schutz der Salzstraßen unerlässlich. Wann genau die Marktsiedlung im Schutz der Burg entstand, ist nicht bekannt, fest steht, dass sie seit 1625 Eigentum des Kurfürsten von Sachsen war. Wie viele südbrandenburgische Schlösser war auch Finsterwalde bis 1815 sächsisch. Und bis 1832 waren die Stadt und das Schloss zwei getrennte Rechtsbezirke.

Seine Größe verdankt das Schloss den Herren von Dieskau, einem Adelsgeschlecht aus dem Meißnischen. Sie veranlassten schon im 16. Jahrhundert den Neubau eines Renaissanceschlosses, bestehend aus Vorder- und Hinterschloss, verbunden durch einen quadratischen Turm. Von den Volutengiebeln des Hinterschlosses, einem wichtigen Baumerkmal der Renaissance, sind nur noch Reste vorhanden. Wirkungsvoll sind im Hof des hinteren Schlosses die gedeckte Galerie am Nordflügel, einem reinen Verbindungsbau, sowie ein quadratischer und ein oktogonaler Treppenturm mit Wendeltreppe.

Im 19. Jahrhundert befanden sich im Vorderschloss zwei Tuchfabriken und im Hinterschloss die Wohnungen der Fabrikanten. Seit 1885 ist das Vorderschloss Sitz der Stadtverwaltung, die Räume sind heute nur sehr eingeschränkt im Rahmen der Öffnungszeiten begehbar. Schön ist aber der Blick vom Schlosspark aufs Schloss.

Info

Adresse: Schloßstraße 7/8, 03238 Finsterwalde

Anfahrt: RB43, RE7, RE8, RE10 bis Finsterwalde, dann Bus 551, 552 bis Lange Straße oder 1.200 m Fußweg

Gastronomie: Frische Suppen und andere leichte Speisen ohne chemische Zusatzstoffe: Dein Suppengrün, Lange Straße 3, 03238 Finsterwalde (nur Mo–Fr) | Mittagstisch mit Schnitzel, Steak und Fischgerichten, auch deftige Küche: Gasthaus Sieben Brunnen, Brunnenstraße 2, 03238 Finsterwalde

49 Schloss Sallgast

Wehrhaft gestern wie heute

Das kleine Schloss Sallgast ließ sich im Dreißigjährigen Krieg nicht einnehmen und trotzte im 20. Jahrhundert dem Braunkohlebagger. In seiner heutigen Form ist es aber, wie viele Burgen und Schlösser, zumindest in Teilen Ergebnis einer Rekonstruktion des frühen 20. Jahrhunderts.

Das kleine Sallgast lag einst in einer Gegend voller Sümpfe im Quellgebiet der Kleinen Elster. Dass es den Ort überhaupt noch gibt, ist dem Widerstand der Einwohner zu verdanken, denn das kleine Dorf und sein Schloss hätten um ein Haar dem Braunkohletagebau weichen müssen.

Schloss Sallgast geht auf eine Wasserburg aus dem 12. Jahrhundert zurück, was man anhand der Baugestalt wie auch an den zugeschütteten Gräben noch erahnen kann. Im Dreißigjährigen Krieg wurde es von den Schweden belagert, konnte jedoch nicht erobert werden. Noch immer demonstrieren vier massive Ecktürme Wehrhaftigkeit. Die heutige Vierflügelanlage entstand erst nach diesem Krieg und wurde 1911 vom Architekten und Burgenforscher Bodo Ebhardt umgebaut, einem Mitbegründer der Deutschen Burgenvereinigung. Diesem Verein ist das Europäische Burgeninstitut (EBI) angegliedert, das sich der Erforschung von Burgen und Schlössern widmet. Die Rekonstruktionen von „Burgenvater" Ebhardt in ihrem romantizistisch-nationalen Geist des 19. Jahrhunderts sind dort durchaus umstritten.

Die zweigeschossige Sallgaster Anlage aus verputztem Backsteinmauerwerk steht auf einem annähernd quadratischen Grundriss. Die Türme tragen Schweifhauben und an der Südwestseite obendrein Laternen. Daneben finden sich aufwendig gestaltete Giebel, einer wurde 1911 ergänzt. Eine Terrasse mit einer Treppe, deren Enden in Voluten ausschwingen, führt in den weitläufigen Schlosspark. Auch dieser wurde von Bodo Ebhardt 1911 verändert.

Neben Standesamt und Bürgermeisterbüro wurde im Schloss ein kleines Heimatmusseum eingerichtet (Führungen auf Anfrage), in der ehemaligen Scheune befindet sich das Schlossparkhotel Sallgast.

Info

Adresse: Parkstraße 3, 03238 Sallgast

Anfahrt: Mit ÖPNV schlecht zu erreichen: Ab Bhf. Finsterwalde mit Bus 558, oder ab Bhf. Senftenberg mit Bus 599 jeweils bis Sallgast, Gemeindeamt

Gastronomie: In Sallgast gilt Rucksackverpflegung!

50 Schloss Martinskirchen

Eleganz in der Provinz

Das Schlösschen im kleinen Ort Martinskirchen ist eine Entdeckung wert. Erbaut in der Mitte des 18. Jahrhunderts für den Grafen Friedrich Wilhelm von Brühl, einen Bruder des sächsischen Premierministers, zeichnet es sich durch zurückhaltende Eleganz aus.

Rund 70 Kilometer entfernt von der Residenzstadt Dresden liegt idyllisch in der Elbaue das Dorf Martinskirchen, benannt nach einer 1243 geweihten spätromanischen Backsteinkirche. Klingt nach Provinz, doch der Bauherr des Schlosses entstammte der am Hofe Augusts des Starken einflussreichen Familie von Brühl, und der Baumeister Friedrich Anton Krubacsius gehörte zur ersten Garde der Architekten des Dresdner Spätbarocks.

Und wirklich ist das Schloss von exquisiter Eleganz. Alle Fasaden der Dreiflügelanlage werden durch Mittelrisalite betont. An den Seiten werden sie bekrönt von flachen Dreiecksgiebeln mit figürlichen Sandsteinreliefs, zum Ehrenhof hin findet sich ein Segmentbogengiebel mit Initialkartusche. Auffallend ist die Gartenfront mit den drei sich konvex aus der Fassade herauswölbenden Mittelachsen, die dem ovalen Gartensaal im Innern entsprechen. Er reicht über zwei Etagen und ist im Stil des Dresdner Rokoko ausgestaltet: mit Stuckmarmor und Wandgemälden, die vermutlich von Adam Friedrich Oeser stammen, sowie einem Deckengemälde, das Diana mit ihrem Gefolge im Wolkenhimmel zeigt und dem zeitweise in Sachsen tätigen Bologneser Maler Stefano Torelli zugeschrieben wird.

Bereits der Sohn des Erbauers verkaufte 1795 Schloss und Gut Martinskirchen an den sächsischen Kammerkommissar Andreas Christoph Stephann. Es blieb im Familienbesitz bis 1945. Inzwischen ist das Schloss saniert, ein Förderverein kümmert sich um die Nutzung, organisiert Veranstaltungen und hat auch eine Puppenausstellung eingerichtet. Das Schloss öffnet gern auf Anfrage in der Woche für kleine oder große Besucher, auch Führungen sind möglich.

Info

Adresse: Hauptstraße 54, 04895 Martinskirchen | fv-schloss-martinskirchen.de

Anfahrt: Martinskirchen ist mit öffentlichen Verkehrsmittel nur unter der Woche erreichbar: RE4 bis Falkenberg/Elster, dann Bus 536 bis Martinskirchen, Schloss | RB49, RE11 bis Bad Liebenwerda, dann Bus 536 bis Martinskirchen, Schloss

Gastronomie: In Martinskirchen gilt Rucksackverpflegung.

REGISTER

SCHLÖSSER & ORTE

BAUMEISTER & ARCHITEKTEN

BILDENDE KÜNSTLER

GARTENKÜNSTLER

HERRSCHER IN PREUSSEN

IMPRESSUM

Originalausgabe
1. Auflage 2024

www.jaron-verlag.de
Umschlaggestaltung und Layout: STUDIO STRAHL, Berlin
unter Verwendung eines Fotos von Günter Schneider (Schloss Boitzenburg)
Redaktion und Lektorat: Nelly Möller
Lithografie: Bild1Druck GmbH, Berlin
Karten: Jaron Verlag GmbH, Berlin
unter Verwendung einer Karte von OpenStreetMap (CC BY-SA 2.0)
Druck und Bindung: Druckhaus Sportflieger, Berlin
ISBN 978-3-89773-444-9

Bildnachweis:
Günter Schneider, außer:
Frank Goyke: 80, 130 | Rogge/PIXELIO: 113 | Modemuseum & Schlossmuseum Meyenburg: 119 f. | pixabay: 114/115 (Foto: Maxiline), 145 (Foto: guvo59), 189 (Foto: neufal54) | Wikimedia Commons: 146 (CC BY-SA 4.0, Foto: Uckermaerker), 132 (CC BY-SA 4.0, Foto: Carsten Steger)

Doppelseitige Bilder:
S. 10/11: Jagdschloss Glienicke
S. 61/61: Orangerieschloss
S. 96/97: Schloss Wiepersdorf
S. 114/115: Grienericksee, Schloss Rheinsberg
S. 150/151: Schloss Steinhöfel
S. 174/175: Schloss Sallgast